नियामक ज्यामिति
भाग-1

नियामक ज्यामिति

भाग-1

सरल रेखा और वृत्त

डॉ. ब्रजमोहन

वाणी प्रकाशन

वाणी प्रकाशन

4695, 21-ए, दरियागंज, नयी दिल्ली 110 002

शाखा

अशोक राजपथ, पटना 800 004

फ़ोन : +91 11 23273167 फ़ैक्स : +91 11 23275710

www.vaniprakashan.in
vaniprakashan@gmail.com
sales@vaniprakashan.in

NIYAMAK JYAMITI-1
by Dr. Brijmohan

ISBN : 978-93-87409-72-9
Maths

प्रथम (वाणी) संस्करण

मूल्य : ₹ 450

सिटी प्रेस, दिल्ली-110 095 में मुद्रित

वाणी प्रकाशन का लोगो मक़बूल फ़िदा हुसेन की कूची से

लेखककी कृतियाँ

१. Intermediate Calculus
(3rd edition) 1948
Ram Narain Lal, Prayag. 2/-/-

२. Intermediate Solid Geometry
(3rd edition) 1948
Ram Naraian Lal, Prayag 1/4/-

३. समतल भूमिति भाग १, २—१९४१
रामनारायण लाल, प्रयाग १।)

४. समतल भूमिति भाग ३, ४—१९४१
रामनारायण लाल, प्रयाग १)

५. ठोस ज्यामिति १९४५—हिन्दी-साहित्य-सम्मेलन, प्रयाग १=)

६. प्रारम्भिक कलन १९४७—प्रेस बुक डिपो,
काशी हिन्दू विश्वविद्यालय ३॥)

७. इण्टरमीजियेट बीजगणित प्रश्नोत्तरी १९४८
प्रेस बुक डिपो, का० हि० वि० ॥)

८. माया वर्ग (Magic Squares) १९४९
प्रेस बुक डिपो, का० हि० वि० २)

९. नियामक ज्यामिति भाग १—१९५० २॥)
प्रेस बुक डिपो, का० हि० वि०

प्रस्तावना

हिन्दी राष्ट्रभाषा हो गई। देश के कई विश्वविद्यालयों ने हिन्दी को शिक्षा और परीक्षा का माध्यम भी घोषित कर दिया। परन्तु केवल इतना कह देने से समस्या की पूर्ति नहीं होती, केवल लक्ष्य का रूप स्थिर होता है। हिन्दी में पाठ्य पुस्तकों का सर्वथा अभाव है। जब तक हिन्दी में पाठ्य पुस्तकें प्रचुर मात्रा में तैयार नहीं होतीं तब तक शिक्षा का माध्यम बदलने की बात व्यर्थ-सी है। इसी हेतुको दृष्टिमें रखकर यह पुस्तक लिखी गई। हिन्दी में इस विषय की पुस्तकें नगण्य हैं। डाक्टर सत्यप्रकाश की 'बीज ज्यामिति' को छोड़कर हिन्दी में इस विषय की कोई भी पुस्तक कम से कम मेरे देखने में नहीं आई। अतएव यह प्रयास क्षम्य है।

हिन्दी में अभी तक छोटे आकार की मुद्रायें बनाना संभव नहीं हुआ है। इस कारण हिन्दी की छपाई में स्थान अधिक लगता है और इस प्रकार मुद्रण व्यय भी अधिक पड़ता है। इसी कारण इस पुस्तक में जिन विषयों का प्रतिपादन किया गया है उनका समावेश किसी अंग्रेजी की तत्सम्बन्धी पुस्तक के, इस पुस्तक की पृष्ठ-संख्या के $\frac{3}{4}$ में, हो जाता। जब तक हिन्दी में छोटी मुद्रायें नहीं बनने लगेंगी अन्यथा नागरीलिपि में पर्याप्त सुधार नहीं होगा तब तक हिन्दी की पुस्तकों का मुद्रण-व्यय घटाना संभव नहीं है।

प्रायः देखा जाता है कि गणित के बहुत से लेखक पुस्तकों में आकृतियाँ देने में कृपणता दिखाते हैं। कारण स्पष्ट ही है। महँगी का समय है। चित्रकारों के पारिश्रमिक बढ़े हुए हैं। ब्लाकों की बनवाई में लागत अधिक लगने लगी है। ऐसी दशा में किसी पुस्तक में जितने अधिक चित्र होंगे उतना ही अधिक उसका मूल्य होगा। तथापि जब तक प्रत्येक आकृति विद्यार्थियों को खींच कर नहीं दिखाई जाती तब तक तत्सम्बन्धी विषय उन्हें

हृदयंगम नहीं होता। इस विचार से मैंने इस पुस्तक में आकृतियाँ प्रचुर संख्या में दी हैं। यद्यपि इस कारण पुस्तक का प्रकाशन व्यय अत्यधिक हो गया है।]

इस पुस्तक में केवल सरल रेखा और वृत्त का प्रतिपादन किया गया है। पुस्तक के दूसरे भाग में वृत्त संहतियों और शांकवों का समावेश होगा। मेरा विचार है कि आवश्यकतानुसार तीन अथवा चार भागों में मैं इस विषय के बी० ए० तक के पूरे पाठ्यक्रम का प्रतिपादन कर दूँ।

मैं अपने शिष्य और मित्र श्री कमलाप्रसाद सिंह एम० एस-सी० का आभारी हूँ जिन्होंने प्रश्नों के साधनमें मेरी बड़ी सहायता की है। मैं अपने भतीजे श्री कमलमोहन एम० ए० का भी ऋणी हूँ जो पुस्तक की तैयारी में शनैः शनैः मेरा हाथ बँटाते रहे हैं।

बनारस
२ दिसम्बर १९५०।

ब्रजमोहन

विषय सूची

नियामक ज्यामिति

अध्याय १

नियामक

नियामक ज्यामिति का ध्येय

१.१ कमरे में एक पेन्सिल पड़ी है। यदि कोई पूछे कि अमुक कमरे में पेन्सिल किस स्थान पर पड़ी है, तो क्या उत्तर दोगे ? यदि यह कहो कि "दरवाजे से ५ फिट की दूरी पर" तो क्या यह उत्तर पर्याप्त होगा ? कमरे में ऐसे अनेक बिन्दु होंगे जो द्वार से ५ फ़िट की दूरी पर हों। यदि यह कहें कि "श्यामपट्ट से ८ फ़िट की दूरी पर" तो इस उत्तर में भी यही दोष होगा। अस्तु, यह स्पष्ट है कि किसी बिन्दु की स्थिति बताने के लिये केवल एक संख्या—५′ या ८′—पर्याप्त न होगी। इसके अतिरिक्त कुछ और भी बताना होगा। अतः किसी समतल पर बिन्दुओं की यथार्थ स्थितिका नियत करना ही नियामक ज्यामिति का ध्येय है।

नियामक

१.२ मान लो कि मू या और मू रा समतल पर दो सरल रेखायें हैं जो परस्पर ⊥ हैं। यदि समतल में किसी बिन्दु का की स्थिति ज्ञात करनी है तो का से मू या और मू रा पर का की और का कू लम्ब डालो। मान लो कि का की=६′ और का कू=७′। अब, यदि हम यह कहें कि "समतल में का वह बिन्दु है जो मू रा और मू या से ७′ और ६′ की दूरी पर है" तो बिन्दु का की स्थिति पूर्णतया ज्ञात हो जायगी। अतः हम बिन्दु का की स्थिति को इस प्रकार—(७, ६)—दर्शायेंगे।

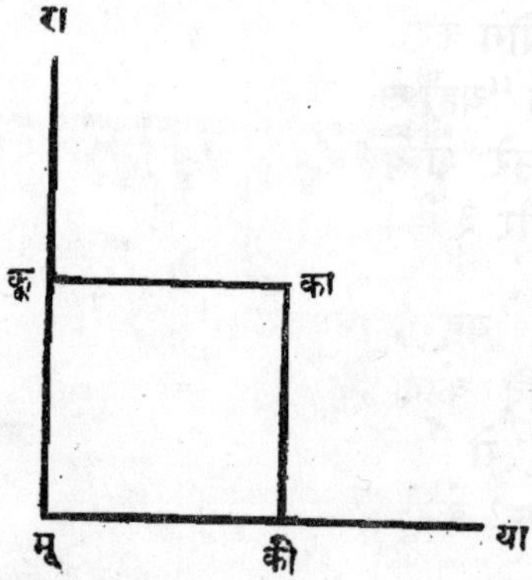

चित्र १

मू की, अर्थात् कू का की लम्बाई को बिन्दु का का भुज कहते हैं। मू कू अर्थात् की का की लम्बाई को बिन्दु का की कोटि कहते हैं। और भुज और कोटि दोनों मिलकर बिन्दु का के भुजयुग्म अथवा नियामक कहलाते हैं।

मू या और मू रा को आश्रय के अक्ष कहते हैं। मू या को भुजाक्ष अथवा याक्ष कहते हैं, मू रा को कोट्यक्ष अथवा राक्ष। बिन्दु मू को मूलबिन्दु कहते हैं।

नियामकों की इस पद्धति को समकोणीय नियामक पद्धति

कहते हैं। अपने दैनिक जीवन में हमलोग बहुधा इस पद्धति का प्रयोग करते हैं। यदि कोई पूछे कि अमुक गाँव कहाँ है तो कहोगे कि "यहाँ से ५ मील पूरब और फिर ३ मील उत्तर चले जाओ।" दूसरे शब्दों में तुमने यह बताया कि उस गाँव के नियामक ५ और ३ हैं।

यह आवश्यक नहीं है कि कोण मू एक समकोण ही हो। यदि कोण मू एक समकोण न हो तो कोण मू की मात्रा को 'ह' से निरूपित करेंगे। ऐसी स्थिति में नियामक 'तिर्यक् नियामक' कहलायेंगे।

नियामकों की इस पद्धति का आविष्कारक—जिसमें किसी बिन्दु की स्थिति दो सरल रेखाओं से उसकी दूरियों से निरूपित की जाती है—एक फ्रेंच गणितज्ञ द:कार्ते था। अतः इस पद्धति को कार्तीय नियामक पद्धति कहते हैं।

इस पद्धति में सदैव भुज पहिले लिखा जायगा और कोटि पीछे। चित्र में का की स्थिति (७, ६) होगी न कि (६, ७)। दूसरी बात ध्यान देने योग्य यह है कि स्थिति सदैव (७, ६) ही लिखी जायगी चाहे ७ और ६ मील हों या गज़ अथवा फ़िट। इकाई तो सुविधानुसार सबको अपनी अपनी अलग बनानी पड़ेगी।

अब एक कठिनाई आन पड़ती है। समतल में ४ बिन्दु ऐसे हैं जिनकी दूरियाँ दोनों अक्षों से क्रमशः ७ और ६ हैं। चित्र २ में चारों बिन्दुओं की स्थितियाँ का, की, कू, को से दर्शाई गई हैं।

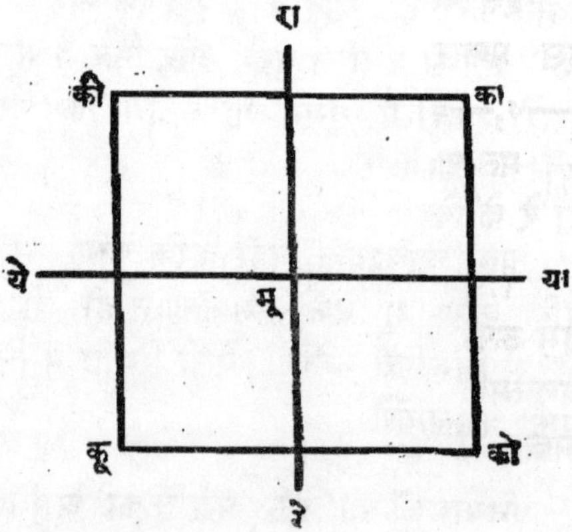

चित्र २

यदि हम चारों बिन्दुओं को (७,६) से दर्शायेंगे तो बड़ा घपला पड़ जायगा। अतः चारों बिन्दुओं के नियामकों में कोई अन्तर करना पड़ेगा। सब गणितज्ञ इस बात पर एकमत हैं कि याक्ष पर की दूरियाँ जो मू से दाहिने हाथ अर्थात् मू या की दिशा में नापी जायँ, धनात्मक अर्थात् + समझी जायँ, और मू ये की दिशा में ऋणात्मक। इसी प्रकार मू से ऊपर की दिशा में अर्थात् मू रा की दिशा में नापी हुई कोटियाँ + और मू रे की दिशा में — मानी जायं। अक्ष इस प्रकार लिये जायँ कि मू या को घूम कर मू रा की दिशा में आने के लिये घड़ी की सुइयों से विपरीत दिशा में अर्थात् इस) दिशा में घूमना पड़े, न कि इस) दिशा में। प्रत्यक्ष है कि यदि चित्र ३ में मू पा हमारा भुजाक्ष

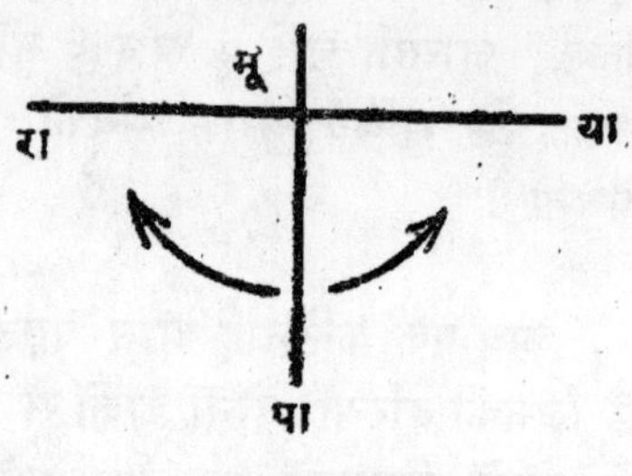

चित्र ३

है तो कोटध्यत्त मू या दिशा में होगी न कि मू रा दिशा में।

इस पद्धति के अनुसार ऊपर दिये चारों बिन्दुओं के नियामक इस प्रकार होंगे—का : (७, ६); की : (—७, ६); कू : (—७,—६); को : (७,—६).

प्रत्यक्ष है कि या ये के किसी बिन्दु की कोटि शून्य है और रा रे के किसी बिन्दु का भुज शून्य है।

१.३ सरल रेखाओं में लम्बाई और दिशा दोनों होती हैं। हम ऊपर कह चुके हैं कि बायीं से दाहिनी ओर जानेवाली रेखा धनात्मक समझी जायगी और इसके विपरीत दिशा में ऋणात्मक। चित्र ४ में का खा धनात्मक है, खा का ऋणात्मक।

चित्र ४

यदि का खा=२″, तो खा का=−२″। यह समीकरण सार्व सत्य है :

का खा=−खाका। अर्थात् का खा+खा का=०.

यदि का, मा, खा कोइ भी तीन संरैखिक बिन्दु हों तो

का खा=का मा+मा खा

चित्र ५

चित्र ६

यदि बिन्दु मा, का और खा के बीच में हो तब तो समीकरण की सत्यता स्पष्ट है। परन्तु, यदि बिन्दु मा, का और खा के बीच में नहीं है तो

का मा + मा खा = —मा का + मा खा = का खा

प्रश्नावली १

१. निम्नलिखित बिन्दुओं को अङ्कित करो :—

(२, ३); (४,—२); (०, २); (—३, ०); (—१,—१); (०, ०)

२. उन बिन्दुओं की स्थिति बताओ जिनका

(i) भुज = २

(ii) कोटि = —३

(iii) भुज = कोटि

(iv) भुज + कोटि = ०

३. एक द्विसम समकोण △ का शीर्ष मूलबिंदु पर है और भुजायें अक्षों पर। यदि प्रत्येक भुजा २″ की है तो तीनों शीर्षों और कर्ण के मध्य बिंदु के नियामक बताओ।

४. एक वर्ग समतल के द्वितीय चरण में है और उसका एक शीर्ष मूलबिन्दु पर है। यदि भुजा = ३ सेमी तो शेष तीनों शीर्षों के नियामक बताओ।

५. का, खा, गा, घा किसी सरल रेखा पर चार बिंदु हैं। सिद्ध करो कि

काखा. गाघा + खागा. काघा + गाका. खाघा = ०.

६. बिंदु का की मूलबिंदु से दूरी ५ है। यदि ∠ का मू या = ६०° तो का के नियामक बताओ।

१.४ यदि दो बिन्दुओं के नियामक दिये हों तो उनके बीच की दूरी ज्ञात करना।

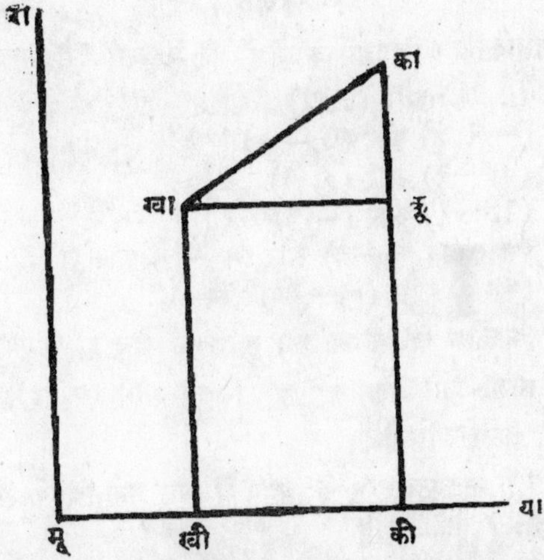

चित्र ७

मान लो कि का, खा दो बिन्दु हैं जिनके नियामक क्रमशः (य, र) और (ये रे) हैं।

का, खा से का की, खा खी लम्ब डालो याक्ष पर।

खा कू याक्ष के ॥ खींचो।

अब △का कू खा में

$$\text{का खा}^2 = \text{खा कू}^2 + \text{कू का}^2$$
$$= (\text{मू की} - \text{मू खी})^2 + (\text{की का} - \text{की कू})^2$$
$$= (\text{य} - \text{ये})^2 + (\text{र} - \text{रे})^2$$

अतः का खा = $\sqrt{(य-ये)^२+(र-रे)^२}$

उपफल—मूलबिन्दु से किसी बिन्दु की दूरी

$= \sqrt{य^२+र^२}$

प्रश्नावली २

निम्नलिखित बिन्दुओं के जोड़ों की मध्यस्थ दूरी निकालो :—

१. (२, ३) और (४, ५)

२. (—२,०) और (७,—१)

३. (०,—२) और (०, ३)

४. (३,—१) और (—१,—१)

५. (क + ख, क—ख) और (क — ख, क + ख)

६. (क, ०) और (०, — ख)

७. (क कोज् अ, क ज्या अ) और (क कोज् इ, क ज्या इ)

८. सिद्ध करो कि वह △ जिसके शीर्ष (२, ४), (६,४) और (६, ७) हैं, समकोणीय है।

९. यही बात उस △ के विषय में सिद्ध करो जिसके शीर्ष (२, ३), (४, ५) और (६,—१) हैं।

१०. सिद्ध करो कि जिस △ के शीर्ष (१,— २), (३, २) और (२—२ √३, √३) हैं एक सम △ है।

११. एक बिन्दु (य, र) दो बिन्दुओं (१, २,) और (— ७,—३) से सम दूरस्थ है। य और र में क्या सम्बन्ध होगा ?

१२. सिद्ध करो कि वह चतुर्भुज जिसके शीर्ष (०, १), (४,—२), (—२, ४) और (१, २) हैं, एक समानाभुज है।

१३. सिद्ध करो कि उस △ का परिकेन्द्र जिसके शीर्ष (१,२), (—१,—२), (२, १) हैं, मूलबिन्दु है।

१४. एक △ के शीर्ष (२, ३), (४,१) और (—३, ०) हैं। परिकेन्द्र के नियामक निकालो।

१५. सिद्ध करो कि वह चतुर्भुज जिसके शीर्ष (०,—२), (९, २) (४, १३) और (—५, ६) हैं, एक आयत है।

१६. एक चतुर्भुज के शीर्ष (—२, ०), (६,—२), (८, ६) और (०, ८) हैं। सिद्ध करो कि वह एक बर्ग है।

१७. बिन्दुओं (य, ३) और (—२, १) की मध्यस्थ दूरी २ $\sqrt{५}$ है। य का मान बताओ।

१.५ उस बिन्दु के नियामक ज्ञात करना जो दो निर्दिष्ट बिन्दुओं, ($य_१$, $र_१$) और ($य_२$, $र_२$) की संयोजक रेखा को निर्दिष्ट निष्पत्ति ($छ_१$: $छ_२$) में काटे।

मान लो कि पा बिन्दु ($य_१$, $र_१$) है और फा बिन्दु ($य_२$, र) और बा निर्दिष्ट बिन्दु है। अत: पा बा: बा फा = $छ_१$: $छ_२$। मान लो कि बा बिन्दु (य, र) है। पा पी, बा बी, फा फी खींचो रा

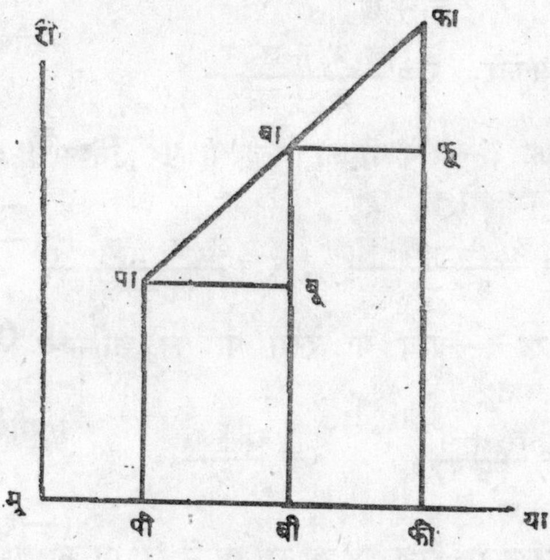

चित्र ८

के ॥ और पा बू, बा फू खींचो याक्ष के समानान्तर जैसा कि चित्र ८ में दिया है।

अब, मू पी = $य_१$, पी पा = $र_१$, मू बी = य, बी बा = र,
मू फी = $य_२$, फी फा = $र_२$
इसके अतिरिक्त, पा बू = पी बी = य − $य_१$,
बा फू = बी फी = $य_२$ − य, बू बा = बी बा — पी पा = र − $र_१$,
फू फा = फी फा − बी बा = $र_२$ − र।
अतः, समरूप △ों पा बू बा, बा फू फा में,

$$\frac{छ_१}{छ_२} = \frac{पाबा}{बाफा} = \frac{पाबू}{बाफू} = \frac{य - य_१}{य_२ - य},$$

अर्थात्, $छ_१ (य_२ - य) = छ_२ (य - य_१)$

$$अतः\ य = \frac{छ_१ य_२ + छ_२ य_१}{छ_१ + छ_२}$$

$$इसी\ प्रकार,\quad र = \frac{छ_१ र_२ + छ_२ र_१}{छ_१ + छ_२}$$

उपफल १—यदि पा फा बिन्दु बा पर निष्पत्ति $छ_१ :— छ_२$ में बहिर्विभक्त हो तो

$$य = \frac{छ_१ य_२ — छ_२ य_१}{छ_१ — छ_२},\quad र = \frac{छ_१ र_२ — छ_२ र_१}{छ_१ — छ_२}$$

उपफल २—यदि बा रेखा पा फा का मध्य बिन्दु है तो $छ_१ = छ_२$, अतः

$$य = \frac{य_१ + य_२}{२},\qquad र = \frac{र_१ + र_२}{२}.$$

उदाहरण १—एक △ का खा गा में खा गा का मध्य बिन्दु घा है। सिद्ध करो कि

का खा^{2}+का गा^{2}
=२ (का घा^{2}+घा गा^{2})।
घा में से घा रा खींचो
खा गा पर ⊥ । घा को
मूलबिन्दु मानो और घा
गा, घा र को अक्ष ।

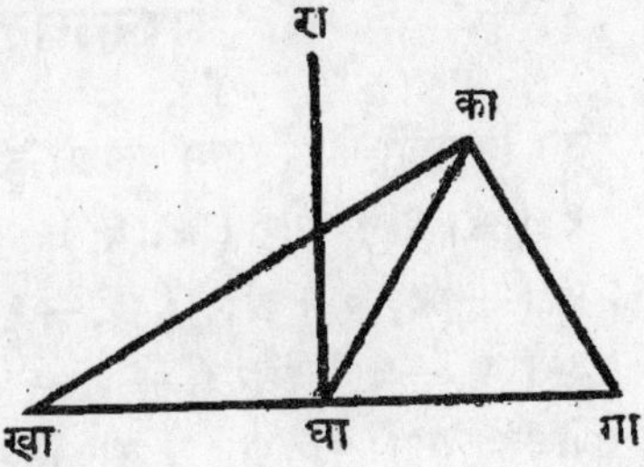

चित्र ६

मान लो कि का के नियामक (य, र) हैं, और खाघा = घा गा = कि ।

अतः बिन्दु खा, गा के नियामक हुये (−कि, ०) और (कि,०)।

अब, का घा^{2}+ घा गा^{2} = (य^2+र^2)+कि^{2} ।

और का खा^{2} = (य+कि)^2+र^2,

का गा^{2} = (य−कि^{2})+र^2 ।

२ ∴ का खा^{2}+का गा^{2}=(य+कि)^2+(य−कि)^2+र^2

=२(य^2+र^2+कि^{2})

=२(का घा^{2}+घा गा^{2})

(२)−बिन्दुओं (−१, २) और (३, ४) की संयोजक रेखा को बिन्दु ($\frac{५}{३}$, $\frac{१०}{३}$) किस निष्पत्ति में काटता है ?

मान लो कि अभीष्ट निष्पत्ति छः १ है ।

तो $\frac{५}{३}$=$\frac{\text{३ छ+१ (−१)}}{\text{छ+१}}$

∴ ५ (छ+१)=३ (३ छ−१)

अतः छ=२

∴ अभीष्ट निष्पत्ति २ : १ है ।

प्रश्नावली ३

उन बिन्दुओं के भुजयुग्म बताओ जो

१ (२, ३) और (४, ६)

२ (−२, ०) और (३, −१)

३ (४, −५) और (−३, −६)

की संयोजक रेखा को ७ : ५ की निष्पत्ति में अन्तर्विभक्त और बहिर्विभक्त करते हैं।

४ (५, ६) और (−२, ७) की संयोजक रेखा के चार बराबर भाग किये गये हैं। विभाजक बिन्दुओं के भुजयुग्म निकालो।

५ एक △ के शीर्ष (१, २), (०, −३) और (−४, ५) हैं। △ के केन्द्रव के भुजयुग्म ज्ञात करो।

६ एक △ के शीर्ष ($य_1$, $र_1$), ($य_2$, $र_2$) और ($य_3$, $र_3$) हैं। सिद्ध करो कि △ के केन्द्रव के भुजयुग्म

$$\frac{य_1 + य_2 + य_3}{३}, \quad \frac{र_1 + र_2 + र_3}{३}$$

हैं।

७ एक चतुर्भुज की भुजाओं के मध्य बिन्दु क्रम से जोड़े गये हैं। सिद्ध करो कि इस प्रकार बना चतुर्भुज एक समानाभुज होगा।

८ सिद्ध करो कि किसी चतुर्भुज की सम्मुख भुजाओं के मध्य बिन्दुओं की संयोजक रेखायें और विकर्णों के मध्य बिन्दुओं की संयोजक रेखा संगामी होती हैं और एक दूसरे को अधियाती हैं।

९ (−१, २) और (३, ४) की संयोजक रेखा को राक्ष किस निष्पत्ति में काटता है?

१० (२, ३) और (−१, −४) की संयोजक रेखा को एक बिन्दु

३ : ५ की निष्पत्ति में काटता है। सिद्ध करो कि इस बिन्दु के भुजयुग्म इस समीकरण का संतोष करते हैं।

८ (य—२र)=१

११ किसी △ में दो भुजाओं के मध्य बिन्दुओं की संयोजक रेखा तीसरी भुजा की आधी होती है।

१२ (२, ३) और (१, ४) की संयोजक रेखा पर (य, र) कोई बिन्दु है। सिद्ध करो कि य+र=५.

१.६ उस त्रिभुज का क्षेत्रफल निकालना जिसके शीर्षों के भुजयुग्म दिये हों।

मान लो कि का खा गा निर्दिष्ट △ है और का, खा, गा के भुजयुग्म क्रमशः $(य_1, र_1)$, $(य_2, र_2)$, $(य_3, र_3)$ हैं।

का की, खा खी, गा गी लम्ब डालो याक्ष पर। मान लो कि त्रिभुज का क्षेत्रफल △ है।

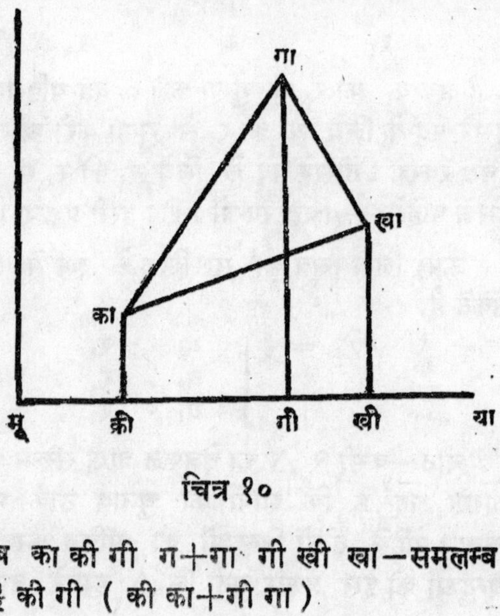

चित्र १०

अब

△=समलम्ब का की गी ग+गा गी खी खा—समलम्ब का की खी खा=$\frac{1}{2}$ की गी (की का+गी गा)

$+\frac{१}{२}$ गी खी (गीगा+खी खा)$-\frac{१}{२}$ की खी (की का+खी खा)

$$=\frac{१}{२}\left\{(य_३-य_१)(र_१+र_३)+(य_२-य_३)(र_२+र_३)-(य_२-य_१)(र_१+र_२)\right\}$$

$$=\frac{१}{२}\left\{य_१ र_२-य_२र_१+य_२ र_३-य_३ र_२+य_३ र_२-य_१र_३\right\}$$

इस सूत्र को याद करने की सरल रीति यह है:—

पहिले इन भुजयुग्मों को इस प्रकार लिख लो:

$$\begin{matrix} य_१ & य_२ & य_३ & य_१ \\ \\ र_१ & र_२ & र_३ & र_१ \end{matrix}$$

अब $य_१$ को $र_२$ से गुणा करो। यह पहिला पद आ गया। दूसरे पद के लिये $य_२$ को $र_१$ से गुणा करो और इसके पहिले — चिह्न रक्खो। तीसरे पद के लिये $य_२$ को $र_३$ से गुणा करो और इसके पहिले + चिह्न रक्खो। शेष इसी प्रकार।

ऊपर लिखे सूत्र को सारणिक के रूप में इस प्रकार लिख सकते हैं:

$$\triangle=\frac{१}{२}\begin{vmatrix} य_१ & र_१ & १ \\ य_२ & र_२ & १ \\ य_३ & र_३ & १ \end{vmatrix}$$

नोट—कभी २ △ का क्षेत्रफल ऋण संख्या आता है। इसका कारण यह है कि शीर्षों का चुनाव ठीक प्रकार नहीं किया जाता। पहिले तीनों बिन्दुओं को अंकित कर लो। फिर शीर्ष बिन्दुओं को इस प्रकार चुनो कि △ हमारे बायें हाथ पर रहे।

चित्र १० में यदि हम का से खा, खा से गा और गा से का तक जायें तो △ सदैव हमारे बायें हाथ पर पड़ेगा। यदि हम शीर्षों के नाम इस प्रकार रक्खें जैसा चित्र ११ में दिया है तो △ हमारे दहिने हाथ पड़ेगा और क्षेत्रफल ऋणात्मक आयेगा।

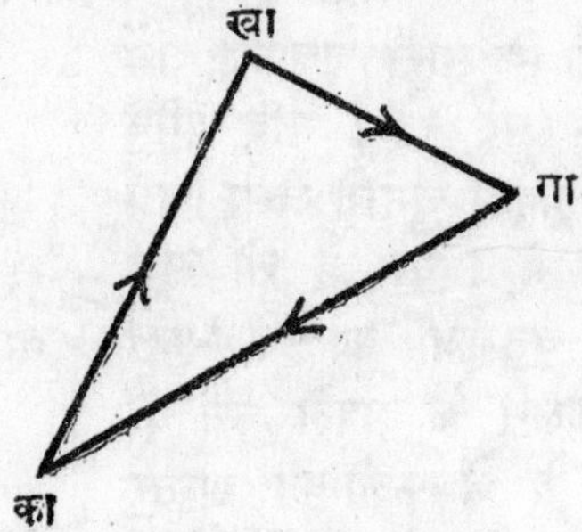

चित्र ११

उपफल १—जिस △ के शीर्ष (०,०), $(य_१, र_१)$ और $(य_२, र_२)$ हैं, उसका क्षेत्रफल

$$\frac{१}{२}\,(य_१ र_२ - य_२ र_१)$$

है।

२—तीन बिन्दुओं $(य_१, र_१)$, $(य_२, र_२)$, $(य_३, र_३)$ के संरैखिक होने के लिये आवश्यक और पर्याप्त शर्त है :

$$य_१ र_२ - य_२ र_१ + य_२ र_३ - य_३ र_२ + य_३ र_१ - य_१ र_३ = ०.$$

१.७ इसी प्रकार हम सिद्ध कर सकते हैं कि एक चतुर्भुज का क्षेत्रफल जिसके शीर्ष $(य_१,र_१)$, $(य_२,र_२)$, $(य_३,र_३)$, और $(य_४,र_४)$ हैं,

$$\frac{१}{२}\left\{(य_१ र_२ - य_२ र_१) + (य_२ र_३ - य_३ र_२) + (य_३ र_४ - य_४ र_३) + (य_४ र_१ - य_१ र_४)\right\}$$

है।

नोट—पहिले बिन्दु अंकित कर लो। फिर शीर्ष इस प्रकार चुनो कि सारा क्षेत्रफल बायें हाथ पर रहे। यदि शीर्ष इस प्रकार चुनोगे जैसा चित्र १२ में दिया है तो सूत्र से चतुर्भुज का क्षेत्र-फल निकलने के बदले उन दो △ के क्षेत्रफलों का अन्तर निकल आयेगा जो चित्र में + और − चिह्नों से अंकित किये गये हैं।

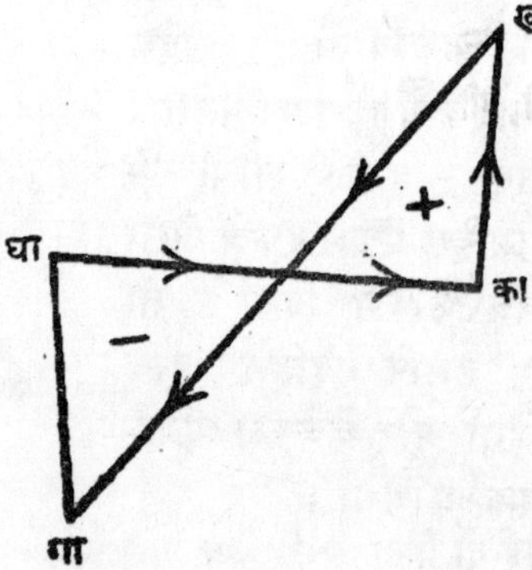

चित्र १२

प्रश्नावली ४

उस △ का क्षेत्रफल निकालो जिसके शीर्षों के नियामक निम्नलिखित हैं

१. (२, ३), (४, −१) और (−२, −३)

२. (क, ख), (क + ख, क − ख) और (−क, −ख)

३. (क कोज् क्ष$_१$, ख ज्या क्ष$_१$), (क कोज् क्ष$_२$, ख ज्या क्ष$_२$) और (क कोज् क्ष$_३$, ख ज्या क्ष$_३$)

सिद्ध करो कि निम्नलिखित बिन्दु संरैखिक हैं :

४. (१, १), ($\frac{१}{२}$, $\frac{४}{३}$) और (३, −$\frac{१}{३}$)

५. (०, −२), (१, २) और (२, ६)

उस चतुर्भुज का क्षेत्रफल निकालो जिसके शीर्षों के नियामक ये हैं :—

६. (१, २), (२, —३), (१, ४) और (—२, ५)

७. (—१, ०), (२, —३), (४, ०) और (७, ६)

८. किसी △ का खा गा की भुजाओं के मध्य चिन्दु क्रमशः की, खी, गी, हैं। सिद्ध करो कि

△ का खा गा = ४ △ की खी गी।

९. का, खा, गा तीन बिन्दु हैं जिनके नियामक (१, २), (२, —४) और (३, १) हैं। यदि पा कोई बिन्दु (य, र) है तो सिद्ध करो कि

$$\frac{\triangle \text{पा खा गा}}{\triangle \text{का खा गा}} = \frac{\text{र} - ५\text{य} + १४}{११}.$$

१० यदि मू मूलबिन्दु है और $\text{पा}_१$ $(\text{य}_१, \text{र}_१)$ और $\text{पा}_२$ $(\text{य}_२, \text{र}_२)$ कोई दो बिन्दु हैं तो सिद्ध करो कि

$$\text{मू पा}_१ . \text{मू पा}_२ . \text{कोज् पा}_१ \text{मू पा}_२ = \text{य}_१ \text{य}_२ + \text{र}_१ \text{र}_२ .$$

(का० हि० वि० १९३३)

अध्याय २

निधि और उसका समीकरण

२.१ निधि—मान लो कि एक गतिशील बिन्दु इस प्रकार चलता है कि राक्ष से उसकी दूरी सर्वैव ३″ रहती है। तो स्पष्ट है कि बिन्दु सदैव उस सरल रेखा पी पा पर रहेगा जो राक्ष के ॥ हो और उससे ३″ की दूरी पर हो।

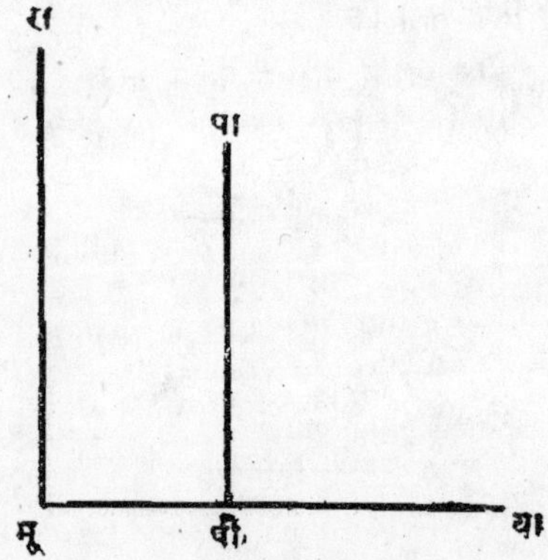

चित्र १३

विलोमतः, यदि हम रेखा पी पा पर कोई भी बिन्दु लें तो उसकी दूरी राक्ष से ३″ ही होगी। अतः हमारी शर्त और रेखा पी पा में परस्पर यह सम्बन्ध हुआ :

(i) यदि पी पा पर कोई भी बिन्दु लें तो वह निर्दिष्ट शर्त को पूरा करेगा, अर्थात् उसकी दूरी राक्ष से ३″ होगी।

(ii) यदि अक्षों के समतल में कोई भी बिन्दु ऐसा है जो हमारी शर्त पूरी करता है तो वह अवश्यमेव पी पा पर ही स्थित होगा।

यदि हम निर्दिष्ट शर्त को नियामक ज्यामिति के शब्दों में लिखें तो यह समीकरण मिलेगा :

$$य = ३ \qquad (१)$$

दूसरे उदाहरण के लिये मान लो कि एक बिन्दु इस प्रकार घूमता है कि एक निर्दिष्ट बिन्दु मू से उसकी दूरी सदैव ५″ रहती है। तो स्पष्ट है कि वह बिन्दु एक वृत्त बनायेगा जिसका केन्द्र मू है और त्रिज्या ५″।

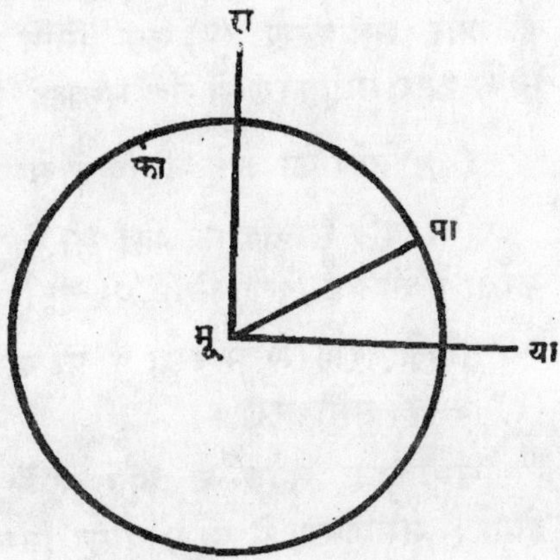

चित्र १४

मान लो कि उस बिन्दु की कोई स्थिति पा (य, र) है। तो हमारी निर्दिष्ट शर्त यह हुई :

$$मू\ पा = ५$$

$$अर्थात्,\ \sqrt{य^2 + र^2} = ५$$

$$\therefore \quad य^2 + र^2 = २५ \qquad (२)$$

अब, इस वृत्त और समीकरण (२) में परस्पर यह सम्बन्ध हुआ :

(i) यदि वृत्त पर कोई भी बिन्दु लें तो उसके नियामक समीकरण को सन्तुष्ट करेंगे।

(ii) यदि अक्षों के समतल में कोई बिन्दु ऐसा है जो निर्दिष्ट शर्त को पूरी करता है, अर्थात् जिसके नियामक समीकरण (२) को सन्तुष्ट करते हैं, तो वह बिन्दु वृत्त पर ही स्थित होगा।

ऐसी अवस्था में हम कहते हैं कि वृत्त उस बिन्दु की निधि है और समीकरण (२) उस निधि का समीकरण है। अतः निधि और समीकरण में यह सम्बन्ध हुआ :

(१) निधि का कोई भी बिन्दु समीकरण को सन्तुष्ट करेगा।

(२) यदि समतल का कोई भी बिन्दु समीकरण को सन्तुष्ट करता है तो वह बिन्दु निधि पर ही स्थित होगा।

पहिले उदाहरण में रेखा पी पा अभीष्ट वक्र या निधि है और (१) उसका समीकरण।

समीकरण सदैव य और र में किसी सम्बन्ध के रूप में होगा। समीकरण में य, र चालू नियामक कहलाते हैं। यह ध्यान रहे कि यह निधि पर किसी नियत बिन्दु के नियामक नहीं हैं। यह निधि के किसी भी बिन्दु के नियामक हो सकते हैं। मान लो कि चित्र १४ में वृत्त पर पा कोई बिन्दु है जिसका भुज ४ है। तो (२) में य = ४ रखने से र = ३ आ गया। अतः इस बिन्दु पा के लिये य = ४, र = ३। यदि वृत्त पर पा के बदले एक बिन्दु फा लें जिसका भुज य = −३, तो र = ४। अतः फा के लिए य = −३, र = ४।

तात्पर्य यह है कि य, र व्यापक नियामक हैं जो निधि के किसी भी बिन्दु के नियामक हो सकते हैं।

उदाहरण १—एक बिन्दु इस प्रकार चलता है कि दो परस्पर लम्ब सरल रेखाओं से उसकी दूरियों का अन्तर सदैव एक अचल राशि द के बराबर रहता है। उसकी निधि का समीकरण ज्ञात करो।

दोनों सरल रेखाओं को अक्ष मान लो। निर्दिष्ट शर्त के अनुसार

$$य - र = द\,।$$

यह सम्बन्ध है जिसका उस बिन्दु के नियामक सदैव पालन करते है। अतः यही उसकी निधि का समीकरण हुआ।

२—दो स्थिर बिन्दु (क, ०) और (– क, ०) दिये हैं। एक गतिशील बिन्दु इस प्रकार चलता है कि पहिले बिन्दु से उसकी दूरी दूसरे से उसकी दूरी की दुगुनी रहती है। निधि का समीकरण बताओ।

मान लो कि किसी स्थिति में बिन्दु के नियामक (य, र) हैं। निर्दिष्ट शर्त के अनुसार

$$\sqrt{(य - क)^२ + र^२} = २\sqrt{(य + क)^२ + र^२}$$

$$\therefore (य - क)^२ + र^२ = ४\{(य + क)^२ + र^२\}$$

$$\text{अर्थात्, } य^२ + क^२ - २य\,क + र^२ = ४\{य^२ + क^२ + २यक + र^२\}$$

$$\therefore ३य^२ + ३र^२ + १०\,क\,य + ३क^२ = ०$$

यही निधि का समीकरण हुआ।

प्रश्नावली ६

उस बिन्दु की निधि ज्ञात करो जो इस प्रकार चलता है कि

१. बिन्दु (३, ४) से उसकी दूरी सदैव २ रहती है।

२. याक्ष से उसकी दूरी राक्ष से उसकी दूरी की दुगुनी रहती है।

३. अक्षों से उसकी दूरियों का योग सदैव ५ रहता है।

४. बिंदुओं (१,—२) (२,—१) से उसकी दूरियाँ सदैव बराबर रहती हैं।

५. याक्ष से उसकी दूरी का वर्ग राक्ष से उसकी दूरी का चौगुना होता है।

६. बिंदु (क, ख) से उसकी दूरी सदैव एक अचल राशि द के बराबर रहती है।

७. राक्ष से उसकी दूरी मूलबिंदु से उसकी दूरी की आधी रहती है।

का (क, ०) और खा (—क, ०) दो स्थिर बिंदु हैं। बिंदु पा की निधि बताओ जब कि

८. पा का + पा खा = द, एक अचल राशि।

९. २पा का^{२} — ३ पा खा^{२} = एक अचल राशि ६ द^{२}।

१०. ३ पा का = ४ पा खा।

२.२ कभी २ विलोम प्रश्न दिया होता है। अर्थात् एक समीकरण दिया है जिसकी निधि निकालनी है। हम कुछ उदाहरण देते हैं :

उदाहरण १— य + र = ४. (i)

स्पष्ट है कि केवल एक समीकरण से हम दो अज्ञात राशियों य, र का मान पूर्णतया नहीं निकाल सकते। यदि हम य = १, र = ३ लें तो समीकरण सन्तुष्ट हो जाता है। इसी प्रकार नियामक (२, २) भी उसे सन्तुष्ट करते हैं। परन्तु हम स्वेच्छा से नियामकों का कोई भी जोड़ा नहीं ले सकते। उदाहरण के लिये यदि हम (१, १) लें तो यह नियामक हमारे समीकरण को सन्तुष्ट नहीं करेंगे।

अतः, हमारी समस्या यह है कि हम नियामकों के ऐसे अनेक जोड़े ले लें जो निर्दिष्ट समीकरण को सन्तुष्ट करते हैं। कुछ जोड़े यहाँ देते हैं :—

य = १	२	०	४	-१	६
र = ३	२	४	०	५	-२

अब सुविधानुसार दो अक्ष लेकर इन बिन्दुओं को अंकित कर लो

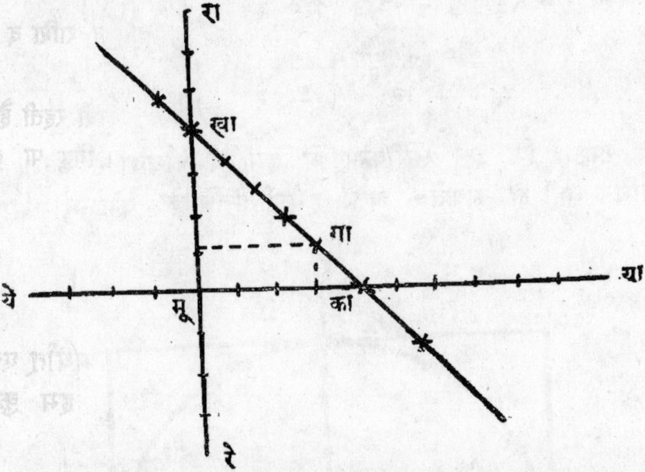

चित्र १५

स्पष्ट है कि यह सब बिन्दु एक सरल रेखा का खा पर स्थित होंगे। यदि इस रेखा पर हम कोई अन्य बिन्दु गा लें और उससे अक्षों पर लम्ब डालें तो नापने से पता चलेगा कि इन लम्बों का योग ४ होगा। इसके अतिरिक्त समतल में यदि कोई भी बिन्दु ऐसा है जिससे अक्षों पर डाले गये लम्बों का योग ४ है तो वह बिन्दु इस रेखा पर ही स्थित होगा।

अतः यह रेखा का खा ही हमारी निधि है।

उदाहरण २— $य^2 + र^2 = १६$ (ii)

भुजयुग्मों के निम्नलिखित जोड़े इस समीकरण को सन्तुष्ट करते हैं।

य	०	०	४	−४	२	−२	२	−२	२√३	−२√३	२√३	−२√३
र	४	−४	०	०	२√३	२√३	−२√३	−२√३	२	२	−२	−२

स्पष्ट है कि इस समीकरण में हम य अथवा र को ४ से अधिक नहीं ले सकते। अतः हमारी निधि का कोई भी भाग

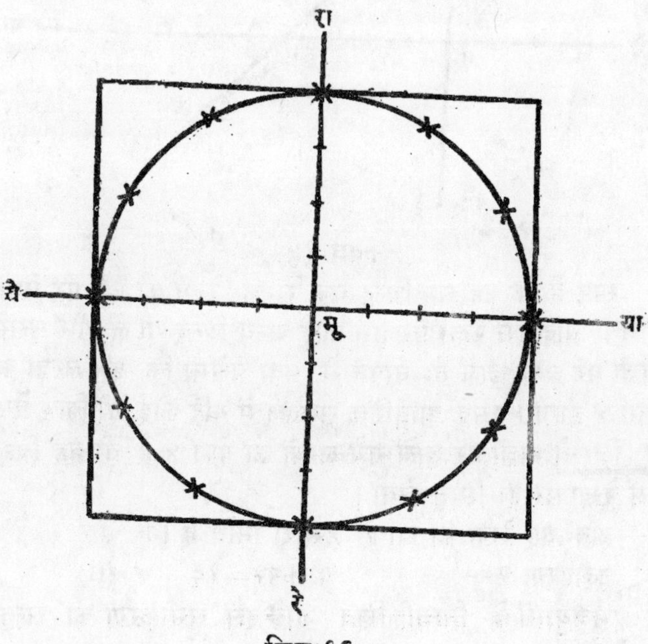

चित्र १६

ऐसा नहीं है जिसमें य अथवा र ४ से अधिक हों। यदि हम चार सरल रेखायें खींचें जिनके समीकरण ये हैं

य=४, य=−४, र=४, र=−४,

तो हमारी सारी निधि इस वर्ग के अन्दर ही स्थित होगी।

अब सुविधानुसार अक्ष लेकर ऊपर लिखे सब बिन्दुओं को अंकित करो।

इन बिन्दुओं में से यदि एक स्वतन्त्र वक्र खींचा जाय तो एक वृत्त मिलेगा। यदि इस वृत्त पर कोई अन्य बिन्दु लिया जाय तो उसके भुजयुग्म भी समीकरण (ii) को सन्तुष्ट करेंगे।

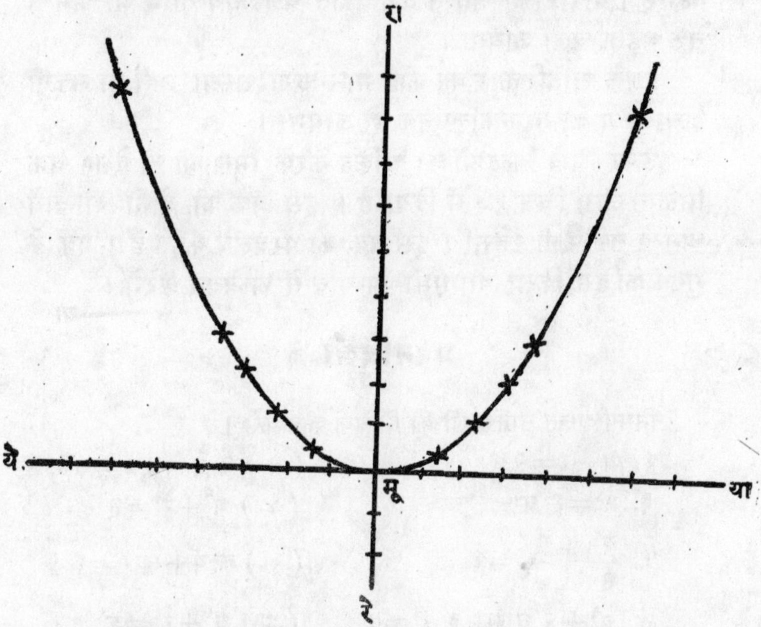

चित्र १७

यह वृत्त ही हमारी अभीष्ट निधि है।

उदाहरण ३—$\text{य}^2 = \text{४ र}$ (iii)

भुजयुग्मों के ये जोड़े इस समीकरण को सन्तुष्ट करते हैं :—

$$\left.\begin{array}{l}\text{य}=\text{०}\\ \text{र}=\text{०}\end{array}\right\}\left.\begin{array}{c}\text{२}\\ \text{१}\end{array}\right\}\left.\begin{array}{c}-\text{२}\\ \text{१}\end{array}\right\}\left.\begin{array}{c}\text{२}\sqrt{\text{२}}\\ \text{२}\end{array}\right\}\left.\begin{array}{c}-\text{२}\sqrt{\text{२}}\\ \text{२}\end{array}\right\}\left.\begin{array}{c}\text{२}\sqrt{\text{३}}\\ \text{३}\end{array}\right\}\begin{array}{c}-\text{२}\sqrt{\text{३}}\\ \text{३}\end{array}$$

$$\left.\begin{array}{l}\text{य}=\text{४}\\ \text{र}=\text{४}\end{array}\right\}\left.\begin{array}{c}-\text{४}\\ \text{४}\end{array}\right\}\left.\begin{array}{c}\text{६}\\ \text{९}\end{array}\right\}\left.\begin{array}{c}-\text{६}\\ \text{९}\end{array}\right\}$$

यहाँ यह स्पष्ट है कि य, र के परिमाण के लिये कोई सीमा नहीं है। यदि र को अनन्त तक बढ़ाते चले जायँ तो य भी अनन्त तक बढ़ता चला जायगा।

इसके अतिरिक्त र का कोई मान ऋण संख्या नहीं हो सकती अन्यथा य का मान काल्पनिक हो जायगा।

ऊपर लिखे बिन्दुओं को अंकित करके मिलाओ तो ऐसा वक्र मिलेगा जैसा चित्र १७ में दिया है। इस वक्र की दोनों शाखायें अनन्त तक फैली रहेंगी। इस वक्र को परवलय कहते हैं। वक्र के गुणों का हम किसी आगामी अध्याय में अध्ययन करेंगे।

प्रश्नावली ६

निम्नलिखित समीकरणों की निधियाँ ज्ञात करो।

१. $\text{य}-\text{र}=\text{२}$ (२) $\text{२ य}+\text{५ र}=\text{७}$

३. $\text{र}^2=\text{९ य}$ (४) $\text{य}^2+\text{र}^2=\text{९}$

५. $\dfrac{\text{य}^2}{\text{९}}+\dfrac{\text{र}^2}{\text{४}}=\text{१}$ (६) $\text{क य}+\text{ख र}=\text{१}$

७. $\text{य}^2+\text{२ य र}+\text{३ र}^2=\text{५}$ (८) $\text{य}^2+\text{र}^2=\text{क}^2$

९. $\text{य}^2+\text{र}^2=\text{२ क य}$ (१०) $\text{य}^2=\text{४}(\text{१}-\text{र})$

२.३ मूलबिन्दु परिवर्तन—कभी २ मूलबिन्दु को अपने वास्तविक स्थान से हटाकर किसी अन्य बिन्दु पर ले जाना लाभदायक होता है।

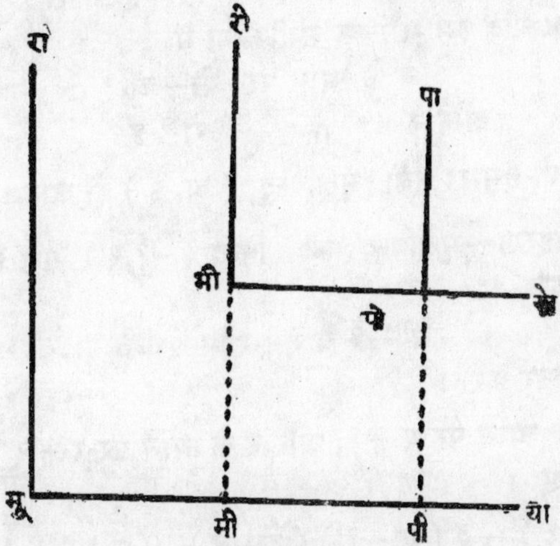

चित्र १=

मान लो कि मूलबिन्दु की नई स्थिति मो है जिसके भुजयुग्म (अ, इ) हैं।

मान लो कि मू या, मू रा पुराने अक्ष हैं, और मो यो, मो रो नये अक्ष, जो पुराने अक्षों के क्रमशः ॥ हैं।

मान लो कि पा कोई बिन्दु है जिसके भुजयुग्म पुराने अक्षों के अनुसार (य, र) हैं और नये अक्षों के अनुसार (यो, रो),

पा पो लम्ब डालो मो यो पर और उसे बढ़ाओं ताकि मू या से पी पर मिले। मो मी लम्ब डालो मू या पर।

अब, मू मी = अ, मी मो = इ, मू पी = य, पी पा = र, मो पो = यो, पो पा = रो।

अतः य = मू पी = मू मी + मो पो = अ + यो,

र = पी पा = मी मो + पो पा = इ + रो।

अतः यदि हम मौलिक समीकरण में

य के स्थान पर यो + अ,

और र ,, रो + इ

रख दें तो हमारा नया मूलबिन्दु, (अ, इ) हो जायगा।

उदाहरण—मूलबिन्दु को बिन्दु (−१, २) पर ले जाकर समीकरण

$$य^2 - ३ य र + र^2 + ५ = ०$$

का रूपान्तर करो।

य के स्थान पर य − १, और र के स्थान पर र + २ रखने से समीकरण

$$(य - १)^2 - ३(य - १)(र + २) + (र + २)^2 + ५ = ०$$

अर्थात् $य^2 - ३ य र + र^2 - ८ य + ७ र + १६ = ०$

हो जायगा।

प्रश्नावली ७

मूलबिन्दु को बिन्दु (२, −३) पर ले जाकर निम्नलिखित समीकरणों का रूपान्तर करो:—

१. $य - २ र = ३$ (२) $य^2 - ४(य + र) = ८$

निम्नलिखित समीकरणों में मूलबिन्दु का परिवर्तन बिन्दु (क, ख) पर करो:—

३. $य^2+र^2=द^2$ (४) $य^2-२ यर+र^2=५$

५. $र^2=४ द र$ (६) $य^2-र^2=द^2$

७. सिद्ध करो कि मूलबिन्दु का सुविधाजनक बिन्दु में परिवर्त्तन करने से हम समीकरण

$$य^2-३ य र+४ र^2-४ य+६ र+४=०$$

का इस प्रकार रूपान्तर कर सकते हैं कि लब्ध समीकरण में केवल द्विघा-तीय पद रह जायँ ।

अध्याय ३

सरल रेखा

एकघात समीकरण

३.१ एक रेखा का समीकरण जो अक्षों में से एक के समानान्तर हो।

मान लो कि दो दू एक सरल रेखा है जो राक्ष के ‖ है और याक्ष को बिन्दु दो पर काटती है। मान लो कि

मू दो = द

अब यदि दो दू पर हम कोई बिन्दु पा (य, र) लें तो स्पष्ट है कि उसका भुज द के बराबर होगा।

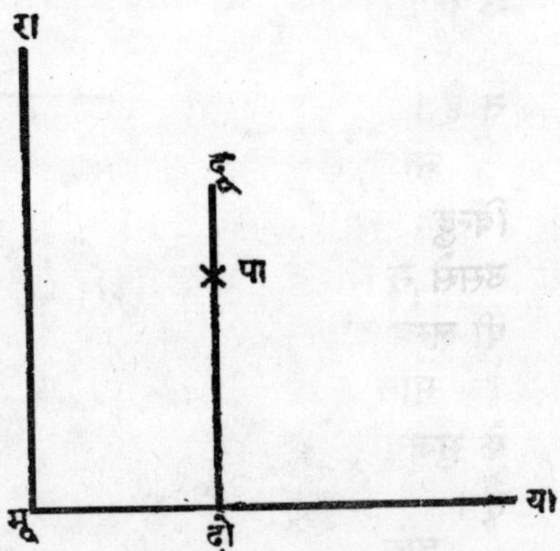

चित्र १६

अतः य = द। (i)

यह समीकरण दो दू के किसी भी बिन्दु के लिए सत्य है। इसके अतिरिक्त यदि समतल में कोई भी बिन्दु है जिसके भुज के लिये यह समीकरण सत्य है तो वह बिन्दु दो दू पर ही स्थित होगा।

इसलिए दो दू का समीकरण (i) ही है।

इसी प्रकार, यदि कोई रेखा याद्द के ‖ है और उससे ध की दूरी पर है तो उसका समीकरण होगा

र = ध।

उपफल—याद्द का समीकरण है र = ०,

राद्द ,, य = ०

३.२ एक रेखा का समीकरण जो मूलबिन्दु में से गुजरती है।

मान लो कि मू का एक सरल रेखा है जो मूलबिन्दु में से गुजरती है।

मान लो कि वह याद्द से ∠ अ बनाती जिसकी स्पज्या त है।

मा का पर कोई बिन्दु पा लेकर उससे मू या पर पा पी लम्ब डालो।

मान लो कि पा के भुजयुग्म (य, र) हैं।

अब, △ पा मू पी में

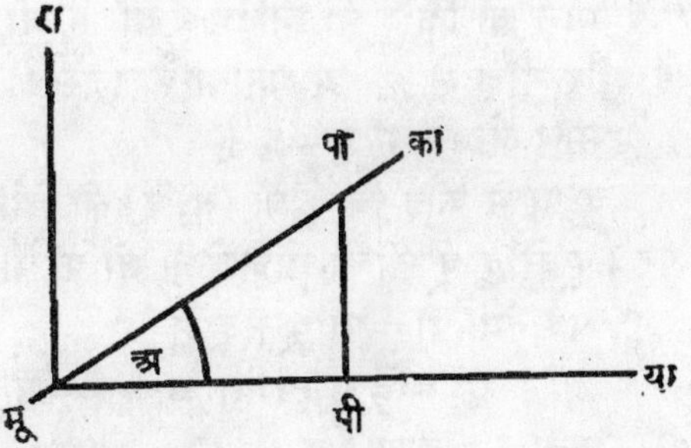

चित्र २०

$$\frac{\text{पा पी}}{\text{मू पी}} = \text{स्पज्या अ} = \text{त}$$

∴ पा पी = त. मू पी

अर्थात् र = त य (ii)

३·३ किसी सरल रेखा का समीकरण ज्ञात करना।

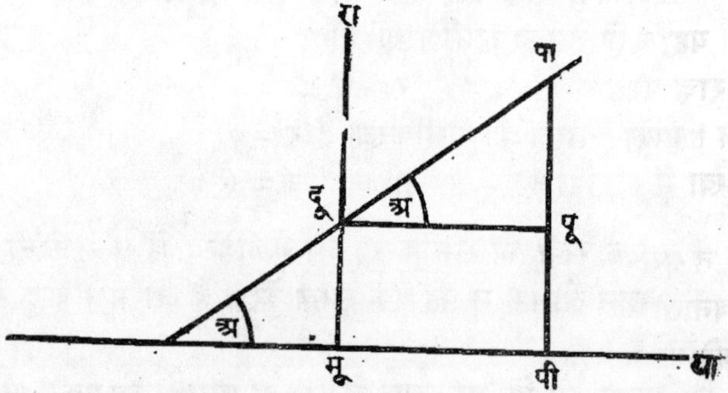

चित्र २१

मान लो कि दू पा निर्दिष्ट रेखा है जो राक्ष को दू पर काटती है और याक्ष से ∠ अ बनाती है जिसकी स्पज्या त है।

मान लो कि मू दू = द।

दू पा में कोई बिन्दु पा (य, र) लो और पापी ⊥ डालो याक्ष पर। दू से दू पू खींचो याक्ष के ∥ जो पा पी को दू पर काटे।

अब, पा पी = पा पू + दू मू

= दू पू स्पज्या अ + द = मू पी स्पज्या अ + द

अतः र = त य + द (iii)

यही सरल रेखा दू पा का समीकरण है।

इस पुस्तक में 'रेखा' से तात्पर्य 'सरल रेखा' का होगा जब तक प्रसंग में इसके विरुद्ध कुछ न दिया हो।

जब तक हम किसी विशिष्ट रेखा पर विचार करते रहें, राशियाँ त और द नियत रहेंगी। अतः इनको अचल कहते हैं। राशियाँ य, र रेखा के भिन्न बिन्दुओं के लिये बदलती रहती हैं,

अतः इन्हें चल कहते हैं। स्पष्ट है कि किसी सरल रेखा के समीकरण में दो चल और दो अचल होते हैं।

यहाँ यह बात ध्यान देने योग्य है कि द, मू दू का, जो रेखा का राक्ष पर अन्तःखण्ड है, बीजीय मान है, न कि संख्यात्मक मान। यदि दू राक्ष पर मू के नीचे पड़ेगा—जैसा चित्र २६ में रेखा का खा में खा का स्थान है—तो द एक ऋण राशि होगी।

त उस कोण की स्पज्या है जो सरल रेखा याक्ष की धन दिशा से बनाती है। चित्र २५ में रेखा को खा के लिये त का मान ∠को का या की स्पज्या होगी, न कि ∠को का ये की। और चूँकि वह कोण एक अधिक कोण है, इसलिये त एक ऋण राशि होगी।

चित्र २१ में दू पा के लिये त और द दोनों धनात्मक हैं। चित्र २२ में का खा के लिये त ऋण है और द धन। चित्र २५ में का खा के लिये त और द दोनों ऋण हैं। चित्र २६ में का खा के लिये त धन है और द ऋण।

उपफल—याक्ष का त शून्य है, राक्ष का ∞.

यदि द=० तो रेखा मूलबिन्दु में से गुजरेगी और हमारा समीकरण § ३·२ के समीकरण (ii) के रूप में आ जायगा।

उदाहरण—यदि अन्तः खण्ड −२ है और अ=१३५° तो रेखा का समीकरण होगा।

र=य स्पज्या १३५° −२=−य−२,

अर्थात्, य+र+२=०

प्रश्नावली ८

उस सरल रेखा का समीकरण निकालो जो

१. याक्ष से ६०° का कोण बनाती है और राक्ष पर अन्तःखण्ड ४ काटती है।

२. याक्ष की ऋण दिशा से ३०° का कोण बनाती है और राक्ष की ऋण दिशा में से अन्तःखण्ड २$\frac{१}{२}$ काटती है।

३. अक्षों से समान कोण बनाती है और राक्ष पर अन्तःखण्ड ७ काटती है।

४. याक्ष से स्पज्या$^{-१}$ $\frac{३}{४}$ का कोण बनाते है और बिन्दु (०, —५) में से गुजरती है।

५. राक्ष पर अन्तःखण्ड — ३ काटती है और बिन्दु (—२, १) में से गुजरती है।

६. याक्ष से ३०° का कोण बनाती है और बिन्दु (३, — ३) में से गुजरती है।

७. याक्ष से ∠ ह बनाती है और बिन्दु (क, ख) में से गुजरती है।

८. राक्ष पर अन्तःखण्ड प काटती है और बिन्दु (क, ख) में से गुजरती हैं।

निम्नलिखित समीकरण को समीकरण (iii) के रूप में रक्खो :

९. य — र + २ = ०

१०. २ य + ३ र = १०

निम्नलिखित समीकरणों की संवादी रेखायें खींचो

११. य — २ र = ५.

१२. ३ य + ५ र + ११ = ०.

३.४ उस रेखा का समीकरण निकालना जो अक्षों पर निर्दिष्ट अन्तःखण्ड कि, खि काटे।

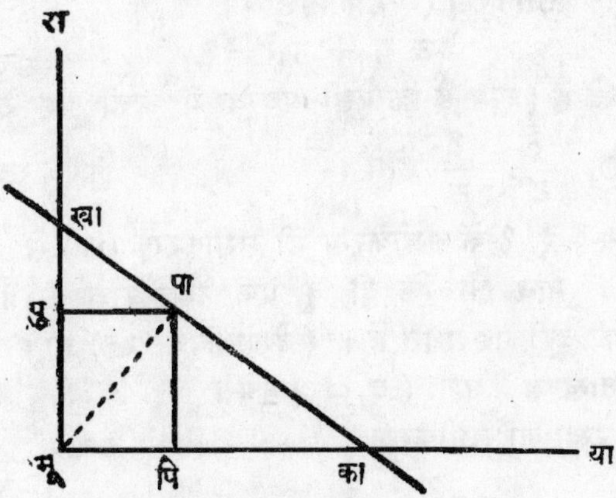

चित्र २२

मान लो कि का खा निर्दिष्ट रेखा है जो अक्षों को का, खा पर काटती है।

तो मू का = कि, मू खा = खि।

का खा में कोई बिन्दु पा (य, र) लो। पा से पा पि और पा पु अक्षों पर लम्ब डालो।

अब, △ पा मू का + △ पा मू खा = △ का मू खा।

अर्थात्, $\frac{1}{2}$ मू का. पि पा + $\frac{1}{2}$ मू खा. पु पा

$$= \frac{1}{2} \text{ मू का. मू खा}$$

अर्थात, कि र + खि य = कि खि

अतः $$\frac{\text{य}}{\text{कि}} + \frac{\text{र}}{\text{खि}} = 1 \qquad \text{(iv)}$$

यही हमारा अभीष्ट समीकरण है।

यह ध्यान रहे कि अन्तःखण्ड कि, खि अपने उचित चिह्नों के साथ लिये जायँगे।

कभी २ समीकरण (iv) को इस रूप

$$ट\,य + ठ\,र = १$$

में भी रखते हैं। स्पष्ट है कि ऐसी अवस्था में अक्षों पर रेखा के अन्तःखण्ड $\frac{१}{ट}$, $\frac{१}{ठ}$ होंगे।

नोट—§ ३. १ के समीकरण भी समीकरण (iv) से निकल सकते हैं। मान लो कि दो दू एक रेखा राक्ष के ‖ और उससे द की दूरी पर स्थित है। (देखो चित्र १६) तो अक्षों पर उसके अन्तःखण्ड क्रमशः (द, ∞) हुये।

अतः रेखा का समीकरण

$$\frac{य}{द} + \frac{र}{\infty} = १,$$

अर्थात्

$$\frac{य}{द} = १$$

हुआ, जो कि समीकरण (i) ही है।

उदाहरण १—उस सरल रेखा का समीकरण ज्ञात करो जो अक्षों पर समान अन्तःखण्ड काटती है और बिन्दु (२, −३) में से गुजरती है।

मान लो कि अन्तःखण्ड कि, कि हैं।

तो रेखा का समीकरण हुआ $\frac{य}{कि} + \frac{र}{कि} = १$,

अर्थात्, $$य + र = कि।$$

परन्तु रेखा बिन्दु (२, −३) में से गुजरती है।

अतः इस बिन्दु के भुजयुग्म रेखा के समीकरण को सन्तुष्ट करेंगे।

$$\therefore \quad २-३=\text{कि}$$

अर्थात् $\quad \text{कि}=-१$

$\therefore$ रेखा का समीकरण $य+र+१=०$ हुआ।

उदाहरण २—उस रेखा का समीकरण ज्ञात करो जो बिन्दु (२, −३) में से गुजरती है और जिसके अक्षों के बीच के भाग को यह बिन्दु १:२ की निष्पत्ति में काटता है।

मान लो कि रेखा का समीकरण

$$\frac{य}{\text{कि}}+\frac{र}{\text{खि}}=१$$

है। स्पष्ट है कि जिन बिन्दुओं पर यह अक्षों से मिलती हैं उनके भुजयुग्म (कि, ०) और (०, खि) हैं।

जो बिन्दु इन बिन्दुओं की संयोजक रेखा को १:२ की निष्पत्ति में काटेगा उसके भुजयुग्म होंगे

$$\frac{१.०+२\,\text{कि}}{१+२} \text{ और } \frac{१.\,\text{खि}+२.०}{१+२} \text{ अर्थात् } \tfrac{२}{३}\,\text{कि और } \tfrac{१}{३}\,\text{खि।}$$

अब, यह बिन्दु और निर्दिष्ट बिन्दु अभिन्न होने चाहिये।

अतः $\quad २=\frac{२}{३}\,\text{कि और}-३=\frac{१}{३}\,\text{खि}$

$\therefore \text{कि}=३, \text{खि}=-९$

इसलिये, रेखा का समीकरण $\frac{य}{३}-\frac{र}{९}=१,$

अर्थात् $\quad ३य-र=९$

हुआ।

प्रश्नावली ९

उस रेखा का समीकरण निकालो अक्षों पर जिसके अन्तःखण्ड

१. ३ और −५ हैं।

२. −६ और −२ हैं।

३. बराबर हैं और जो बिन्दु (२, −५) में से गुजरती है।

४. समान परन्तु विमुख चिन्हों के हैं और जो बिन्दु, (७, −५) में से गुज़रती है।

५. समान हैं और जो बिन्दु (३, −४) में से गुजरती है।

यदि अन्तःखण्डों के चिन्हों पर ध्यान न दिया जाय तो ऐसी कितनी रेखायें खीचीं जा सकती हैं ? सबके समीकरण ज्ञात करो।

अक्षों पर निम्नलिखित रेखाओंके अन्तःखण्ड ज्ञात करो।

६. य − र = ४ ७. २ य + ३ र = ११

८. क य + ख र + ग = ०

९. सिद्ध करो कि बिन्दुओं (३, ०) और (०, −४) की संयोजक रेखा बिन्दु (६, ४) में से गुजरती है।

१०. उस रेखा का समीकरण निकालो जो बिन्दु (१, −४) में से गुजरती है और जिसके अक्षों के मध्यस्थ भाग को यह बिन्दु ५ : ३ की निष्पत्ति में काटता है।

११. उस रेखा का समीकरण ज्ञात करो जिसके अक्षों के मध्यस्थ भाग का मध्य बिन्दु (क, ख) है।

१२. सिद्ध करो कि बिन्दुओं (−२, ३) और (४, −५) की संयोजक रेखा को रेखा १० य + १५ र = १, २ : ३ की निष्पत्ति में काटती है।

१३. सिद्ध करो कि बिन्दुओं (२, ३) और (−४, ५) की संयोजक रेखा का मध्य बिन्दु रेखा ३ य+र=१ पर स्थित है।

१४. उस रेखा का समीकरण निकालो जिसके अक्षों के मध्यस्थ भाग को बिन्दु ($\frac{३}{५}$, $\frac{२}{५}$), २ : ३ की निष्पत्ति में काटता है।

१५. सिद्ध करो कि बिन्दुओं (७, −६) और (−२, १) की संयोजक रेखा को ७ य+२ र=९, निष्पत्ति ४ : ३ में काटती है।

३५. एक सरल रेखा पर मूलबिन्दु से डाले गये लम्ब का मान प है और वह याक्ष से ∠ अ बनाता है। रेखा का समीकरण निकालना है।

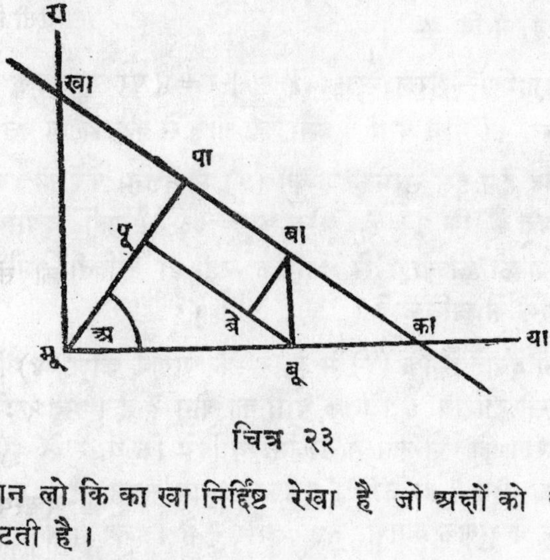

चित्र २३

मान लो कि का खा निर्दिष्ट रेखा है जो अक्षों को का, खा पर काटती है।

मू से का खा पर मू पा ⊥ डालो।

का खा पर कोई बिन्दु बा (य, र) लो।

बा से याक्ष पर बा बू लम्ब डालो।

बू से मू पा पर बू पू ⊥ डालो।

बा से बू पू पर बा बे ⊥ डालो।

अब ∠बा बू बे = ६०° − ∠मू बू पू = ∠अ

अतः प = मू पा = मू पू + बे बा

= मू बू कोज् अ + बाबू ज्या बा बू बे,

अर्थात्, य कोज् अ + र ज्या अ = प। (v)

यही सरल रेखा का समीकरण है।

यह ध्यान रहे कि अ वह कोण है जो मू पा याक्ष की धन दिशा से बनाता है। चित्र २६ की सरल रेखा के लिये कोण अ का मान ३३०° है, न कि ३०°।

उदाहरण—सरल रेखा √३ य + र = ४ पर मूलबिन्दु से डाले गये लम्ब का मान क्या है और वह याक्ष से क्या कोण बनाता है?

यदि हम इस समीकरण की (v) से तुलना करें तो क्या हम कह सकते हैं कि प = ४, कोज् अ = √३ ? नहीं, क्योंकि किसी भी कोण की कोज्या १ से अधिक नहीं हो सकती, और राशि √३ एक से अधिक है।

हम देखते हैं कि (v) में य, र के गुणक कोज् अ और ज्या अ—ऐसी राशियाँ हैं जिनके वर्गों का योग १ है। अतः हमें निर्दिष्ट समीकरण को ऐसे रूप में ढालना चाहिये कि य, र के गुणकों के वर्गों का योग १ हो जाय। इसका उपाय सरल है। समीकरण में य, र के गुणक क्रमशः √३ और १ हैं। इनके वर्गों के योग का मूल √(३² + १²) अर्थात् २ हुआ। समीकरण को २ से भाग दो। अब उसका यह रूप हो गया:

$$\frac{\sqrt{३}}{२} य + \frac{१}{२} र = २,$$

अर्थात्, य कोज् ३०°+र ज्या ३०°=२.

अब यह समीकरण (v) के रूप में आ गया।

अतः निर्दिष्ट सरल रेखा के लिये अ=३०°, प=२

उदाहरण २—समीकरण य+र+७=० को समीकरण (v) के रूप में ढालो।

$$\sqrt{१^२+१^२} = \sqrt{२}$$

अतः $\sqrt{२}$ से भाग देने से,

$$\frac{१}{\sqrt{२}} य + \frac{१}{\sqrt{२}} र = -\frac{७}{\sqrt{२}}$$

आ गया।

$$\therefore \left(-\frac{१}{\sqrt{२}}\right) य + \left(-\frac{१}{\sqrt{२}}\right) र = \frac{७}{\sqrt{२}} \quad (\text{अं})$$

यह पग ध्यान देने योग्य है। दक्षिण पक्ष को सदैव धनात्मक रक्खो।

अब, हमारा समीकरण इस रूप में

$$य \text{ कोज् } २१०° + \text{ज्या } २१०° = \frac{७}{\sqrt{२}}$$

आ गया। यही (v) का रूप है।

जब समीकरण (अं) के रूप में आ गया तो यह बात ध्यान देने योग्य है कि य और र के गुणक चिह्नों समेत लेने चाहिये। इस समीकरण में हमारे गुणक $-\frac{१}{\sqrt{२}}$ और $-\frac{१}{\sqrt{२}}$ हैं न कि

$\frac{१}{\sqrt{२}}$ और $\frac{१}{\sqrt{२}}$। यह बात स्पष्ट करने के लिये हमने इन्हें कोष्ठकों में रक्खा है।

प्रश्नावली १०

उस सरल रेखा का समीकरण ज्ञात करो

१. जिस पर मूलबिन्दु से डाले गये लम्ब का मान ७ है। यह लम्ब याक्ष से ६०° का कोण बनाता है।

२. जिसकी मूलबिन्दु से दूरी ५ है और जो याक्ष से १३५° का कोण बनाती है।

३. जिसका राक्ष पर अन्तःखण्ड — ३ है और जिसपर मूलबिन्दु से डाले गये लम्ब का मान ५ है।

४. जो याक्ष से ४५° का कोण बनाती है और जिसपर मूलबिन्दु से डाले गये लम्ब का मान ६$\frac{१}{२}$ है।

निम्नलिखित समीकरणों को समीकरण (v) के रूप में ढालो।

५. $३य - ४र + २५ = ०$

६. $२य - ३र = ५$

७. $४य + ७र + १२ = ०$

निम्नलिखित सरल रेखायें जो △ अक्षों से काटती हैं उनका क्षेत्रफल निकालो और उसकी सहायता से मूलबिन्दु से उन पर डाले गये लम्ब का मान निकालो

८. $४य + ३र = १५$

९. $५य - १२र + २६ = ०$

१०. $च य + छ र = १$

३.६ पिछले तीन प्रकरणों में हमने सरल रेखा के तीन समीकरण ज्ञात किये हैं। तीनों एकघात समीकरण हैं। अब विलोम प्रश्न पर विचार करना चाहिये। यदि कोई एकघात समीकरण दिया हुआ है, तो क्या वह सदैव एक सरल रेखा को ही निरूपित करेगा ?

एकघात समीकरण का सबसे व्यापक रूप

$$\text{क य} + \text{ख र} + \text{ग} = 0 \qquad (\text{ट})$$

है। मान लो कि पा $(\text{य}_1, \text{र}_1)$, फा $(\text{य}_2, \text{र}_2)$, और बा $(\text{य}_3, \text{र}_3)$ इस समीकरण की निधि पर कोई तीन बिन्दु हैं। अतः हमें यह तीन समीकरण

$$\text{क य}_1 + \text{ख र}_1 + \text{ग} = 0 \qquad (\text{अ})$$

$$\text{क य}_2 + \text{ख र}_2 + \text{ग} = 0 \qquad (\text{इ})$$

$$\text{क य}_3 + \text{ख र}_3 + \text{ग} = 0 \qquad (\text{उ})$$

मिल गये। अब (इ) को (अ) में से और (उ) को (इ) में से घटाओ। तो

$$\text{क}(\text{य}_1 - \text{य}_2) + \text{ख}(\text{र}_1 - \text{र}_2) = 0,$$

$$\text{अर्थात् क}(\text{य}_1 - \text{य}_2) = -\text{ख}(\text{र}_1 - \text{र}_2),$$

$$\text{क}(\text{य}_2 - \text{य}_3) + \text{ख}(\text{र}_2 - \text{र}_3) = 0,$$

$$\text{अर्थात् क}(\text{य}_2 - \text{य}_3) = -\text{ख}(\text{र}_2 - \text{र}_3).$$

इन दोनों समीकरणों का तिर्यक् गुणन करने से

$$(\text{य}_1 - \text{य}_2)(\text{र}_2 - \text{र}_3) = (\text{य}_2 - \text{य}_3)(\text{र}_1 - \text{र}_2)$$

अर्थात्, $\text{य}_1 \text{र}_2 - \text{य}_2 \text{र}_1 + \text{य}_2 \text{र}_3 - \text{य}_3 \text{र}_2 + \text{य}_3 \text{र}_1 - \text{य}_1 \text{र}_3 = 0$ (ओ)

अतः § १.६ से यह सिद्ध होता है कि $\triangle$ पा फा बा $= 0$.

$\therefore$ बिन्दु पा, फा, बा संरैखिक हैं।

परन्तु पा, फा, बा समीकरण (ट) की निधि पर कोई तीन बिन्दु हैं। अतः (ट) की निधि एक ऐसा वक्र है जिस पर यदि कोई भी तीन बिन्दु लिये जाँय तो उनसे बने △ का क्षेत्रफल शून्य है।

∴ (ट) की निधि एक सरल रेखा है।

(देखो § १.६ उपफल २)

अथवा इस प्रकार—(अ), (इ) और (उ) में से क, ख, ग का विलोपन करने से विलोपफल

$$\begin{vmatrix} य_1 & र_1 & १ \\ य_2 & र_2 & १ \\ य_3 & र_3 & १ \end{vmatrix}$$

आता है। परन्तु इस सारणिक का मान △ पा फा बा के क्षेत्रफल का दुगुना है। (देखो § १.६ अन्तिम भाग)

और फिर ऊपर लिखे अनुसार।

३.७ रेखा चित्रण—निम्नलिखित सरल रेखाओं का चित्रण करो :

(१) ४ य − ४ र = −३

(२) ४ य + ३ र + ६ = ०

(३) य − $\sqrt{३}$ र = ४

(४) र + ५ = ०

(५) ३ र = ४ य

(१) समीकरण र = य + $\frac{३}{४}$ है।

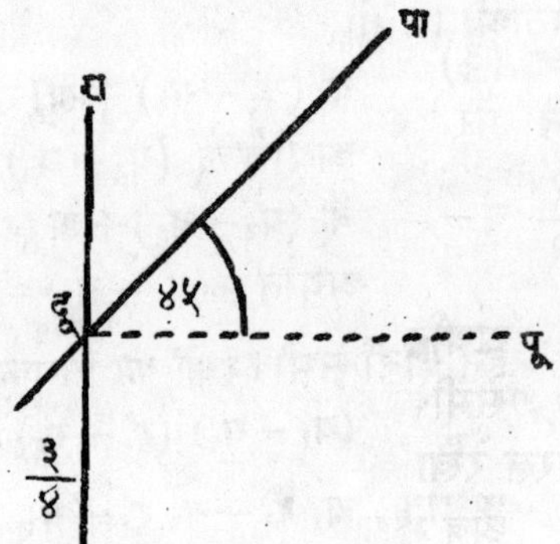

समीकरण (iii) से तुलना करने से ज्ञात होता है कि

चित्र २४

इस रेखा का त = १ = स्पज्या ४५°, द = $\frac{३}{४}$.

अब मू रा में से मू दू काटो $\frac{३}{४}$ के बराबर। दू में से सरल रेखा दू पा खींचो जो याद्व से ४५° का कोण बनाये। दू पा ही हमारी अभीष्ट सरल रेखा है।

(२) यदि समीकरण में क्रमशः य, र को शून्य रक्खें तो र = –२ और य = –$\frac{३}{२}$ मिलता है। अतः सरल रेखा पर दो बिन्दु (०, –२) और (–$\frac{३}{२}$, ०) मिल गये।

इन बिन्दुओं को अंकित करके जोड़ दो।

यदि यह बिन्दु का, खा हैं तो का खा ही हमारी अभीष्ट सरल रेखा हुई।

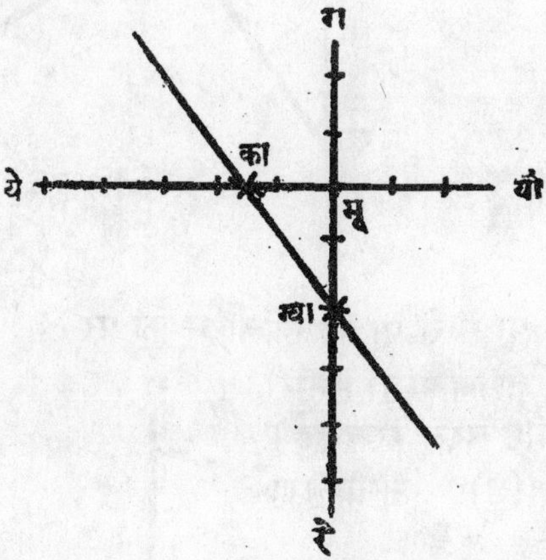

चित्र २५

(३) २ से भाग देने पर समीकरण

$\frac{१}{२}$ य $- \frac{\sqrt{३}}{२}$ र $=$ २

अर्थात्, य कोज् ३३०° + र ज्या ३३०° = २ हो गया।

समीकरण (v) से तुलना करने से पता चलता है कि इस सरल रेखा का ∠अ = ३३०° और प = २.

अब मू या से ३३०° का कोण बनाती हुई एक सरल रेखा मू फा खींचो।

मू फा में से मू पा काट लो २ के बराबर।

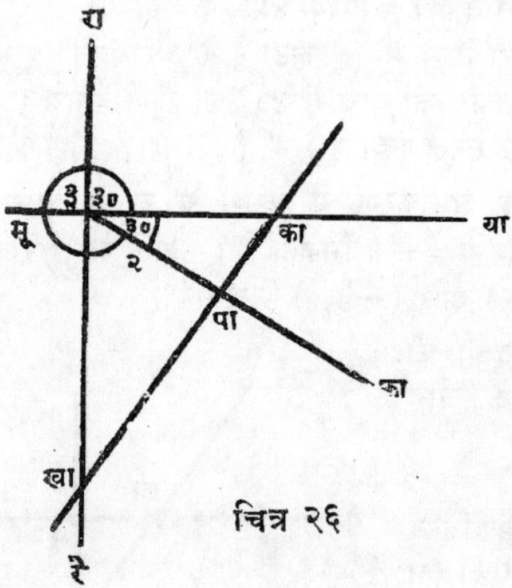

चित्र २६

पा में से पा का खींचो मू फा पर ⊥.

तो का पा ही हमारी अभीष्ट सरल रेखा हुई।

(४) समीकरण र = −५ है।

§ ३·१ से स्पष्ट है कि यह सरल रेखा याद्त के ‖ है और उससे −५ की दूरी पर है।

अतः मू रे में से मू दो काट लो ५ के बराबर।

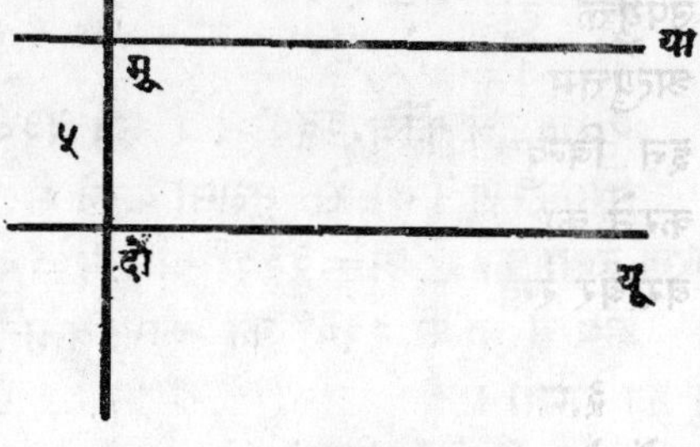

चित्र २७

दो में से दो दू खींचो याद्द के ॥
यही हमारी अभीष्ट सरल रेखा है।

(५) ३ र = ४ य

भुजयुग्म (०, ०) इस समीकरण को सन्तुष्ट करते हैं, अतः यह सरल रेखा मूलबिन्दु में से गुजरती है।

यदि हम समीकरण में य = ३ लें तो र = ४ होता है। अतः बिन्दु (३, ४) भी इस रेखा पर स्थित है।

बिन्दुओं (०, ०) और (३, ४) को अंकित करके मिला दो।

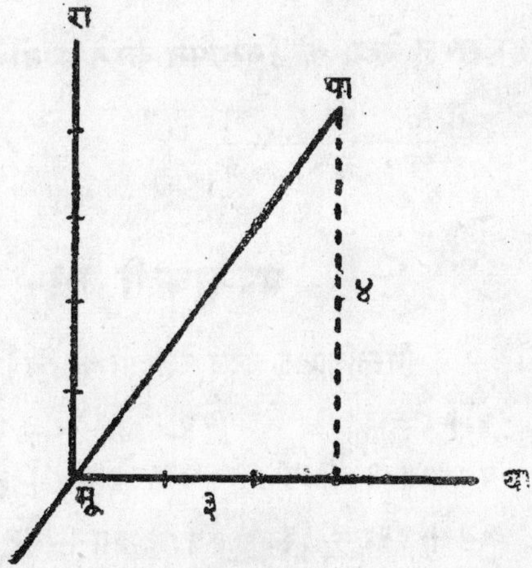

चित्र २८

नोट—समीकरणों (i)—(v) में से कोई समीकरण कहीं उपयुक्त होता है, कोई कहीं। परन्तु रेखा चित्रण के लिये अत्युत्तम विधि यह है कि रेखा में कोई दो बिन्दु ज्ञात कर लो। इन बिन्दुओं को अंकित करके जोड़ दो। बिन्दुओं को ज्ञात करने का सरल उपाय यह है कि क्रमशः य, र को शून्य के बराबर रख दो जैसा हमने समीकरण (२) में किया है।

३.८ यदि किसी भी समीकरण को किसी राशि से गुणा करें तो वह उसी सरल रेखा को निरूपित करता रहेगा। विलोमतः,

यदि दो समीकरण एक ही सरल रेखा को निरूपित करें तो उनके गुणक समानुपाती होंगे। उदाहरणतः यदि दो समीकरण

$$क\,य + ख\,र + ग = ०$$

और $$च\,य + छ\,र + ज = ०$$

एक ही सरल रेखा को निरूपित करते हैं तो

$$\frac{क}{च} = \frac{ख}{छ} = \frac{ग}{ज}$$

प्रश्नावली ११

निम्नलिखित सरल रेखाओं का चित्रण करो।

१. $य + र = ३$ २. $य - र = ३$

३. $य - र + ३ = ०$ ४. $य + र + ३ = ०$

५. $५य + १२र = १३$ ६. $३य + \sqrt{२}\,र + २\sqrt{२} = ०$

७. $च\,य + छ\,र + ज = ०$

८. सिद्ध करो कि प्रश्नावली ५ के प्रश्नों २ और ४ की निधियाँ सरल रेखायें हैं।

९. यदि समीकरण $३\,य - २\,र = १$ और $क\,य + ४\,र + ख = ०$ एक ही सरल रेखा को निरूपित करते हैं तो क, ख के मान क्या हैं ?

१०. क, ख, ग में परस्पर क्या सम्बन्ध है यदि समीकरण $य - २र + ११ = ०$ और $क\,य + ख\,र + ग = ०$ एक ही सरल रेखा को निरूपित करें ?

३.९ सबसे व्यापक एकघात समीकरण

$$क\,य + ख\,र + ग = ०$$

है। प्रकट रूप में इसमें तीन अचल हैं क, ख, ग। परन्तु

वास्तव में दो ही हैं क्योंकि हम तीनों में से किसी एक अचल से समीकरण को विभाजित कर सकते हैं।

अतः एक सरल रेखा को पूर्ण रूप से जानने के लिये दो स्वतन्त्र शर्तें चाहिये। इन दोनों शर्तों से साधारणतया दो समीकरण निकलेंगे जिनसे दोनों अचलों के मान निकल आयेंगे।

यदि केवल एक ही शर्त दी हो तो वह सरल रेखा की स्थिति निश्चित करने के लिये पर्याप्त न होगी। यदि सरल रेखा पर का एक बिन्दु दिया हो तो सरल रेखा पूर्णरूप से निश्चित न होगी क्योंकि एक बिन्दु में से अनेक सरल रेखायें खींची जा सकती हैं। इसी प्रकार, यदि यह दिया है कि एक सरल रेखा किसी निर्दिष्ट सरल रेखा पर लम्ब है तो यह भी पर्याप्त न होगा क्योंकि किसी सरल रेखा पर अनेक सरल रेखायें लम्ब हो सकती हैं।

हमने देखा है कि §§ ३.१ – ३.५ में से प्रत्येक में दो स्वतंत्र शर्तें दी हैं। § ३.२ में सरल रेखा पर एक बिन्दु (०,०) दिया है और सरल रेखा की दिशा (∠अ) दी है। § ३.४ में दोनों अन्तःखण्ड दिये हैं। इसी प्रकार और प्रकरणों में भी।

यह बात ध्यान देने योग्य है कि दोनों शर्तें स्वतंत्र होनी चाहिये। यदि यह शर्तें दी हैं कि

एक सरल रेखा याक्ष पर ⊥ है और राक्ष के ‖ है,

तो यह 'दोनों' शर्तें तो वास्तव में एक ही हुई क्योंकि जो सरल रेखा याक्ष पर ⊥ है वह आप से आप राक्ष के ‖ होगी।

इसी प्रकार यह शर्तें कि

एक सरल रेखा मूलबिन्दु में से गुजरती है और राक्ष पर उसका अन्तःखण्ड शून्य है

भी स्वतन्त्र नहीं हैं।

इसके विपरीत निम्नलिखित शर्तें स्वतन्त्र हैं

(अ) एक सरल रेखा दो निर्दिष्ट बिन्दुओं में से गुजरती है।

(इ) एक सरल रेखा एक बिन्दु में से गुजरती है और एक निर्दिष्ट सरल रेखा पर ⊥ है।

(३) एक सरल रेखा एक बिन्दु में से गुजरती है और याक्ष से निर्दिष्ट कोण बनाती है।

आगामी कई प्रकरणों में हम इसी प्रकार की कुछ शर्तों का अध्ययन करेंगे।

३.१० उस सरल रेखा का समीकरण ज्ञात करना जो एक निर्दिष्ट बिन्दु में से निर्दिष्ट दिशा में खींची जाय।

मान लो कि ($य_1$, $र_1$) निर्दिष्ट बिन्दु है और सरल रेखा याक्ष से वह कोण बनाती है जिसकी स्पज्या त है।

उसका समीकरण इस प्रकार

$$र = त\ य + द$$

का होगा जिसमें त ज्ञात है और द अज्ञात।

अब, चूँकि बिन्दु ($य_1$, $र_1$) इस सरल रेखा पर स्थित है,

$$र_1 = त\ य_1 + द।$$

∴ घटाने से, $र - र_1 = त\ (य - य_1)$ (vi)

अब यदि कोई सरल रेखा किसी निर्दिष्ट बिन्दु ($य_1$, $र_1$) में से गुजरती है और कोई और शर्त पूरी करती है तो हम तुरन्त उसका समीकरण (vi) के रूप में लिख लेंगे। फिर त का मान इस प्रकार चुनेंगे कि दूसरी शर्त पूरी हो जाय।

उदाहरण १—उस सरल रेखा का समीकरण ज्ञात करो जो बिन्दु (२, –३) में से गुजरे और याक्ष से १३५° का कोण बनाये।

स्पष्ट है कि समीकरण

$$र+३=स्पज्या\ १३५°\ (य-२)=-(य-२)$$

अर्थात् $य+र+५=०$,

होगा।

उदाहरण २—उस सरल रेखा का समीकरण ज्ञात करो जो बिन्दु (–१, २) में से गुजरती है और राक्ष पर जिसका अन्तःखण्ड ३ है।

पहिली विधि—मान लो कि सरल रेखा का समीकरण

$$र=त\ य+द$$

है।

चूँकि द = ३ दिया हुआ है, अतः समीकरण

$$र=त\ य+३$$

हुआ।

अब, बिन्दु (–१, २) इस सरल रेखा पर स्थित है

$\therefore\ २=-त+३$ अर्थात् $त=१$.

अतः अभीष्ट समीकरण

$$र=य+३$$

हुआ।

दूसरी विधि—मान लो कि सरल रेखा का समीकरण

$$र-२=त\ (य+१)$$

है।

यदि इस समीकरण में य = ० रक्खें तो र = त + २
अतः राक्ष पर सरल रेखा का अन्तःखण्ड त + २ हुआ

∴ निर्दिष्ट शर्तों से त + २ = ३ अर्थात् त = १

∴ अभीष्ट समीकरण र − २ = य + १

अर्थात् र = य + ३

हुआ।

३.११ समीकरण (vi) को हम दूसरा रूप भी दे सकते हैं।

मान लो कि का बिंदु (य₁, र₁) है और का पा निर्दिष्ट सरल रेखा है जो याक्ष से ∠क्ष बनाती है जिसकी स्पज्या त है।

का पा में कोई बिन्दु पा (य, र) लो।

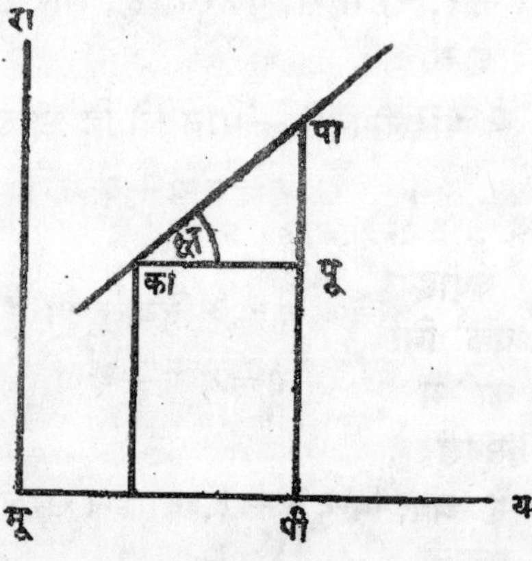

चित्र २६

पा पी लम्ब डालो याक्ष पर।
का पू ⊥ डालो पा पी पर।
मान लो कि का पा = त्रि।
अब △पा का पू में

का पू = का पा कोज् क्ष और पा पू = कापा ज्या क्ष

अर्थात् य − य₁ = त्रि कोज् क्ष और र − र₁ = त्रि ज्या क्ष

$$\text{अतः} \quad \frac{\text{य}-\text{य}_1}{\text{कोज् ह}} = \frac{\text{र}-\text{र}_1}{\text{ज्या ह}} = \text{त्रि} \qquad \text{(vii)}$$

इनमें पहिला समीकरण तो (vi) का ही दूसरा रूप है।

इन समीकरणों से

$$\text{य} = \text{य}_1 + \text{त्रि कोज् ह}, \quad \text{र} = \text{र}_1 + \text{त्रि ज्या ह}।$$

अतः हम इस साल रेखा पर स्थित किसी बिन्दु (य, र) के भुजयुग्म इस रूप

$$\text{य}_1 + \text{त्रि कोज् ह}, \quad \text{र}_1 + \text{त्रि ज्या ह} \qquad \text{(अ)}$$

में ले सकते हैं।

उदाहरण—का (१,१) एक निर्दिष्ट बिन्दु है। का में से का पा एक सरल रेखा खींची गई है जो याह्न से ∠ ३०° बनाती है। यह सरल रेखा एक निर्दिष्ट सरल रेखा

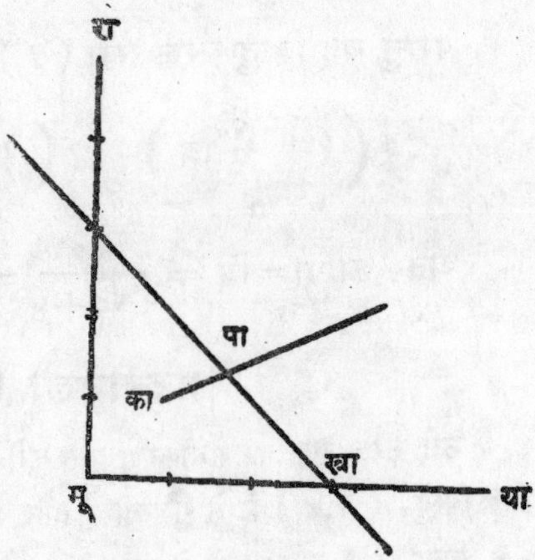

चित्र ३०

$$३\text{ य} + ४\text{ र} = १२ \qquad \text{(इ)}$$

से बिन्दु पा पर मिलती है। का पा का मान बताओ।

मान लो कि का पा = त्रि । तो कापा के समीकरण

$$\frac{य-१}{कोज्\ ३०^\circ}=\frac{र-१}{ज्या\ ३०}=त्रि\ ।$$

हुये ।

अतएव पा के भुजयुग्म

१ + त्रि कोज् ३०, १ + त्रि ज्या ३०

अर्थात्

$$१+\frac{\sqrt{३}}{२}त्रि,\quad १+\frac{१}{२}त्रि$$

हुये ।

परन्तु यह बिन्दु सरल रेखा (इ) पर स्थित है ।

$$\therefore ३\left(१+\frac{\sqrt{३}}{२}त्रि\right)+४\left(१+\frac{१}{२}त्रि\right)=१२$$

$$अतः\ का\ पा = त्रि = \frac{१०}{३\sqrt{३}+४}=\frac{१०}{११}\left(३\sqrt{३}-४\right)$$

प्रश्नावली १२

उस सरल रेखा का समीकरण ज्ञात करो जो

१ बिन्दु, (२,४) में से गुजरती है और राक्ष के ‖ है ।

२ बिन्दु, (१,—४) में से गुजरती है और याक्ष पर जिसका अन्तः खण्ड – ३ है ।

३ बिन्दु (– ३, ३) में से गुजरती है और अक्षों से समान कोण बनाती है ।

४ बिन्दु, (—२, —३) में से गुजरती है और अक्षों पर जिसके अन्तः खण्ड समान और ऋणात्मक हैं।

५ बिन्दु (४, —१) में से गुजरती है और याक्ष से १२०° का कोण बनाती है।

६ बिन्दु (१, —२) में से गुजरती है और जिसपर मूलबिन्दु से डाला गया लम्ब १ है।

७ बिन्दु (०, ५) में से गुजरती है और ऐसी है कि उस पर मूल बिन्दु से डाला गया लम्ब याक्ष से ६०° कोण बनाता है।

८ बिन्दु पा (२, —२) में से एक सरल रेखा खींची गई है जो याक्ष से ४५° का कोण बनाती है। जिस बिन्दु पर यह सरल रेखा २ य —३ र = ४ से मिलती है, पा से उसकी दूरी निकालो।

९ बिन्दु का (—६,०) में से एक सरल रेखा एक नियत दिशा में खींची गई है। जिस बिन्दु पर यह सरल रेखा ४ य + ५ र + २ = ० से मिलती है, उसकी दूरी का से $\frac{२२ \sqrt{२}}{६}$ है। सरल रेखा की दिशा ज्ञात करो।

१० बिन्दु का (१,२) में से एक सरल रेखा खींची गई है जो याक्ष से १५०° का कोण बनाती है। जिन बिन्दुओं पर यह सरल रेखा वक्र $य^२ + र^२ = २५$ को काटती है, पा से उनकी दूरियोंका गुणनफल निकालो।

३.१२ दो निर्दिष्ट बिन्दुओं ($य_१$, $र_१$) और ($य_२$, $र_१$) की संयोजक सरल रेखा का समीकरण।

पहिले विन्दु में से जानेवाली किसी रेखा का समीकरण

$$र - र_१ = त\ (य - य_१)$$

है।

यदि दूसरा बिन्दु भी इस सरल रेखा पर स्थित है तो

$$र_२ - र_१ = त\ (य_२ - य_१).$$

भाग देने से $\dfrac{य - य_१}{य_२ - य_१} = \dfrac{र - र_१}{र_२ - र_१}$. (viii)

यही अभीष्ट समीकरण है।

उदाहरण—बिन्दुओं (१, −२) और (−३, ४) की संयोजक सरल रेखा का समीकरण निकालो।

समीकरण

$$\frac{य - १}{-३ - १} = \frac{र + २}{४ + २}$$

अर्थात् $३\ (य - १) = -२(र + २)$,

अर्थात् $३\ य + २र + १ = ०$

हुआ।

प्रश्नावली १३

निम्नलिखित बिन्दुओं की संयोजक सरल रेखा का समीकरण निकालो।

१ (−१,३) और (४, −५) (२) (०,८) और (−६,७)

३ (०,०) और (२, −३) (४) (क, ख) और (−क, −ख)

५ (क कोज् $क्ष_१$, क ज्या $क्ष_१$) और (क कोज् $क्ष_२$, क ज्या $क्ष_२$)

६ (क कोज् $क्ष_1$, ख ज्या $क्ष_1$) और (क कोज् $क्ष_2$, क ज्या $क्ष_2$)

७ (क व्युकोज् $क्ष_1$, ख स्पज्या $त्व_1$) और (क व्युकोज् $त्व_2$, ख स्पज्या $त्व_2$)

निम्नलिखित सरल रेखाओं से जो आयत बनेगा उसके विकर्णों के समीकरण निकालो।

८ य = ३, य + २ = ०, र = ४, र + ५ = ०

९ य = क, य = ख, र = ग, र = घ

सिद्ध करो कि बिन्दुओं

१० (२, ३) और (− १,४) की संयोजक सरल रेखा का रांक्ष पर अन्तःखण्ड ३$\frac{1}{3}$ है।

११ (४,२) और (− ३, − १) की संयोजक सरल रेखा बिन्दुओं (५,७) और (३, − ३) की संयोजक सरल रेखा को अधियाती है।

उस सरल रेखा का समीकरण ज्ञात करो जो

१२ मूलबिन्दु में से गुजरे और बिन्दुओं (१, ४) और (२, − ३) की संयोजक सरल रेखा को अधियाये।

१३ बिन्दुओं (१, २) और (४, − ६) की संयोजक सरल रेखा और बिन्दुओं (३, − २), (२, − ३) की संयोजक सरल रेखा, दोनों को अधियाये।

१४ उन सरल रेखाओं के समीकरण ज्ञात करो जो मूलबिन्दु, में से गुजरें और बिन्दुओं (१, ४), (२,३) की संयोजक सरल रेखा को त्रिभाजित करें।

१५ एक△के शीर्ष (− १,१), (२,३) और (− ४, − २) हैं। भुजाओं के समीकरण ज्ञात करो।

१६ सिद्ध करो कि बिन्दु (१, −४), (२,५) और (३,१४) संरैखिक हैं

१७ (१,३) और (−२,५) की संयोजक सरल रेखा, (१,−१) और (०,५) की संयोजक सरल रेखा को किस निष्पति में काटती है ?

३.१३ यदि दो शर्तें दी हैं जो एक सरल रेखा को पूरी करनी हैं तो हम निम्नलिखित समीकरणों में से किसी समीकरण को सरल रेखा का समीकरण मान सकते हैं—

$$र = त य + द \qquad (१)$$

$$\frac{य}{कि} + \frac{र}{खि} = १ \text{ अथवा } ट य + ठ र = १ \qquad (२)$$

$$य \text{ कोज् } त + र \text{ ज्या } त = प \qquad (३)$$

$$र - र_१ = त (य - य_१) \qquad (४)$$

$$\frac{य - य_१}{\text{कोज् } त्त} = \frac{र - र_१}{\text{ज्या } त्त} = त्रि \qquad (५)$$

$$\frac{य - य_१}{य_२ - य_१} = \frac{र - र_१}{र_२ - र_१} \qquad (६)$$

$$क.य + ख र + ग = ० \qquad (७)$$

कहीं पर कोई और कहीं पर कोई समीकरण अधिक उपयुक्त होगा।

३.१४ सरल रेखा के धन और ऋण पक्ष

मान लो कि ४ य + ३ र − ८ = ० एक सरल रेखा है।

इस समीकरण का वाम पक्ष ४ य + ३ र − ८ है। इस व्यञ्जक में यदि हम य, र के स्थान पर बिन्दु (२,१) के भुजयुग्म रक्खें तो फल ३ आता है। और यदि बिन्दु (१,१) के भुजयुग्म रक्खें तो फल—१ आता है। एक अवस्था में धनात्मक फल निकलता है,

दूसरी में ऋणात्मक। इसका क्या कारण है? यदि हम इसी प्रकार भिन्न भिन्न बिन्दुओं के भुजयुग्म य, र की जगह रखते जायें तो क्या फल अनियमित रूप से कभी धनात्मक और कभी ऋणात्मक निकलता आयेगा, अथवा फल किसी सिद्धान्त के अनुसार होगा?

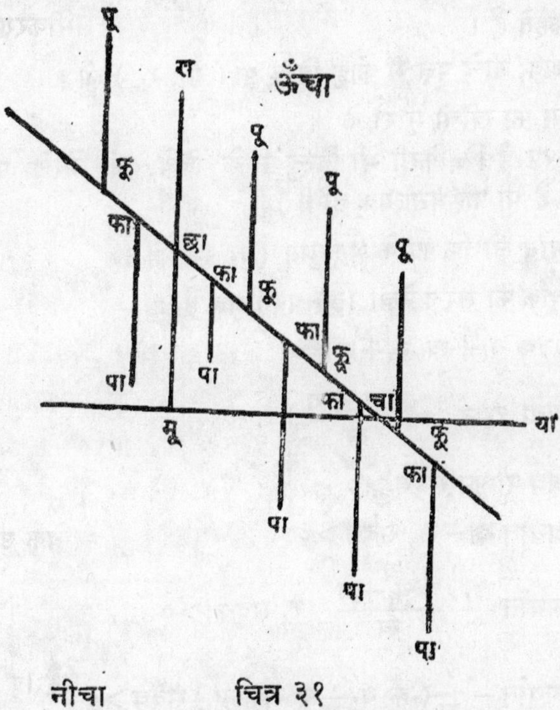

नीचा चित्र ३१

मान लो कि चा छा एक सरल रेखा है जिसका समीकरण

$$\text{क य} + \text{ख र} + \text{ग} = 0 \quad (\text{इ})$$

है। मान लो कि ग एक ऋण राशि है। यदि ग धन राशि हो तो हम समीकरण को -1 से गुणा करके ग को ऋणात्मक बना सकते हैं।

प्रत्येक सरल रेखा के दो पक्ष होते हैं—एक वह जिसमें मूल बिन्दु स्थित होता है, दूसरा वह जिसमें मूलबिन्दु स्थित नहीं होता। मान लो कि हम पहिले को नीचा पक्ष और दूसरेको ऊँचा पक्ष कहते हैं।

अब, नीचे पक्ष में कोई बिन्दु पा ($य_1, र_1$) लो।

पा फा खींचो मू रा के ॥

स्पष्ट है कि किसी भी बिन्दु पा के लिये, जो नीचे पक्ष में स्थित है पा फा धनात्मक होगी।

मान लो कि फा के भुजयुग्म ($य_1 \; र_2$) हैं।

चूँकि फा सरल रेखा (इ) पर स्थित है,

$\therefore क\,य_1 + ख\,र_2 + ग = 0$

अतः $र_2 = -\dfrac{क\,य_1 + ग}{ख}$।

अब पा फा सदैव > 0

अर्थात $र_2 - र_1$, सदैव > 0

अर्थात् $-\dfrac{क\,य_1 + ग}{ख} - र_1$ सदैव > 0

अर्थात् $-\dfrac{1}{ख}(क\,य_1 + ख\,र_1 + ग)$ सदैव > 0

अतः यदि $ख < 0$ तो $क\,य_1 + ख\,र_1 + ग$ सदैव > 0

और यदि $ख > 0$ तो $क\,य_1 + ख\,र_1 + ग$ सदैव < 0

अर्थात्, नीचे पक्ष के समस्त बिन्दुओं के लिये व्यञ्जक क $य_1$+ख $र_1$+ग सदैव एक ही चिन्ह का रहेगा, या तो सबके लिये धनात्मक या सबके लिये ऋणात्मक ।

इसी प्रकार हम सिद्ध कर सकते हैं कि यदि हम ऊँचे पक्ष में कोई भी बिन्दु पू लें तो उसके लिये व्यञ्जक क $य_1$+ख $र_1$+ग सदैव विपरीत चिह्न का रहेगा, या तो ऐसे सब बिन्दुओं के लिये ऋणात्मक या सबके लिये धनात्मक ।

हमने ग को ऋणात्मक माना है । अतः यदि हम इस व्यञ्जक में मूलबिन्दु के भुजयुग्म (०,०) य, र के स्थान पर रक्खें तो फल ऋणात्मक होगा । इस लिये हम सरल रेखा के मूलबिन्दु-पक्ष को सरल रेखा का <u>ऋण पक्ष</u> कहेंगे और दूसरे पक्ष को <u>धन पक्ष</u> ।

अतः यदि यह जानना है कि कोई निर्दिष्ट बिन्दु किसी सरल रेखा के किस पक्ष में है तो इस क्रम का अनुसरण करो :

(१) निर्दिष्ट समीकरण को ऐसे रूप में ढालो कि अचल पद ऋणात्मक रहे । ❀

(२) अब निर्दिष्ट बिन्दु के भुजयुग्म समीकरण के वाम पक्ष के व्यञ्जक में य, र के स्थान में रक्खो । यदि फल ऋणात्मक आये तो बिन्दु सरल रेखा के ऋणात्मक पक्ष अर्थात् मूलबिन्दु-पक्ष में स्थित है । और यदि फल धनात्मक आये तो बिन्दु सरल रेखा के धननात्मक पक्ष अर्थात् विमूलबिन्दु-पक्ष में स्थित होगा ।

यदि केवल यह जानना है कि दो निर्दिष्ट बिन्द किसी सरल रेखा के एक ही पक्ष में हैं अथवा विपरीत पक्षों में, तो समीकरण

❀ यह पग आवश्यक नहीं है, केवल विचार विक्षेप बचाने के लिये दिया गया है ।

के वाम भाग में य, र के स्थान में बिन्दुओं के भुजयुग्म रक्खो। यदि फल समान चिह्न के आयें तो बिन्दु एक ही पक्ष में हैं। यदि फलों के चिह्न विपरीत हों तो बिन्दु सरल रेखा के विपरीत पक्षों में होंगे।

उदाहरण १: ५ य − २ र + ४ = ० एक सरल रेखा है।

(अ) बिन्दु (२,२) और (−१,३) सरल रेखा के एक ही पक्ष में हैं अथवा विपरीत पक्षों में ?

(आ) बिन्दु (−६,४) सरल रेखा के धन पक्ष में है अथवा ऋण पक्ष में ?

(अ) व्यञ्जक ५ य − २ र + ४ में भुजयुग्म (२,२) और (−१,३) रखने से फल क्रमशः +१० और −७ आते हैं। अतः बिन्दु सरल रेखा के विपरीत पक्षों में हैं।

(आ) यहाँ यह आवश्यक है कि अचल पद को ऋणात्मक बना लिया जाय।

अतः हमारा समीकरण − ५ य + २ र − ४ = ० हुआ जिसका संवादी व्यञ्जक

− ५ य + २ र − ४

है। इसमें य, र के स्थान पर (−६,४) रखने से फल +३४ आता है। अतः बिन्दु सरल रेखा के धन पक्ष अर्थात् विमूल-बिन्दु पक्ष में है।

उदाहरण २—बिन्दु (१, −४) सरल रेखा २ य − ३ र + ५ = ० के मूलबिन्दु पक्ष में है अथवा विमूलबिन्दु पक्ष में।

समीकरण के बाम पक्ष में निर्दिष्ट बिन्दु और मूलबिन्दु के भुजयुग्म रखने से फल क्रमशः +१७ और +५ आता है।

अतः दोनों बिन्दु सरल रेखा के एक ही पक्ष में हैं। अर्थात् निर्दिष्ट बिन्दु, सरल रेखा के मूलबिन्दु-पक्ष में स्थित है।

प्रश्नावली १४

४ य – ७ र + ६ = ० एक सरल रेखा है। निम्नलिखित बिन्दु इसके एक ही पक्ष में हैं अथवा विपरीत पक्षों में ?

१. (१, १) और (१, – १)　　(२) (२, ०) और (– १, १)

३. (०, ०) और (५, – १०)　　(४) (०, ५) और (३, ०)

य + २ र + ३ = ० एक सरल रेखा है। निम्नलिखित बिन्दु इसके मूलबिन्दु-पक्ष में हैं या विमूलबिन्दु-पक्ष में ?

५. (२, ११)　　(६) (२, – ३)

७. (१, – २)　　(८) (– १, – २)

४ य – ३ र + ७ = ० एक सरल रेखा है। निम्नलिखित बिन्दु इसके धन पक्ष में हैं अथवा ऋण पक्ष में ?

९. (१, २)　　(१०) (– १, – २)

११. (– ६, ४)　　(१२) (२, ६)

१३. सिद्ध करो कि बिन्दु (१, ७) सरल रेखा ६ य – र – ३ = ० के ऋण पक्ष में है और सरल रेखा ३ य – २ र + १२ = ० के धन पक्ष में।

१४. सिद्ध करो कि बिन्दु (४, २), (३, ३), (– २, ३) और (१, – १) उन विभिन्न चार विभागों में स्थित हैं जिनमें सरल रेखायें ३ य + २ र – ६ = ० और य + ३ र – ३ = ० समतल को बाँटती हैं।

३.१५ एक सरल रेखा पर एक निर्दिष्ट बिन्दु से डाले गये लम्ब का मान।

(१) मान लो कि का खा एक सरल रेखा है जिसका समीकरण य कोज् अ + र ज्या अ —प = ० (अ) है जिसमें प धनात्मक है और पा (य$_1$, र$_1$) निर्दिष्ट बिन्दु है।

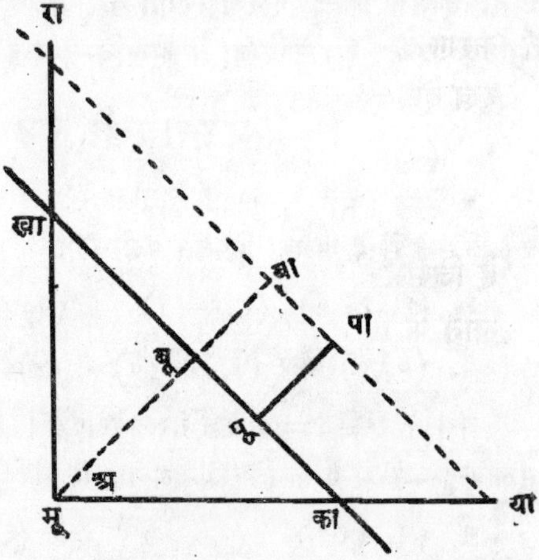

चित्र ३२

मान लो कि मू बू, पा पू ⊥ का खा पर।

पा में से पा बा खींचो का खा के ∥ जो विस्तृत मू बू से बा पर मिले। अब ∠ बा मू या = अ और मू बू = प।

मान लो कि मू बा = पो।

तो सरल रेखा बा पा का समीकरण

य कोज् अ + र ज्या अ = पो

हुआ।

और चूँकि पा इस रेखा पर स्थित है,

∴ य$_1$ कोज् अ + र$_1$ ज्या अ = पो।

अब, अभीष्ट लम्ब पा पू = मू बा − मू बू = पो — प

= य$_1$ कोज् अ + र$_1$ ज्या अ − प।

अतः लम्ब का मान निकालने के लिये सरल रेखा के समीकरण के बाम पक्ष में केवल य, र के स्थान पर बिन्दु के भुजयुग्म रख देने हैं।

(२) मान लो कि सरल रेखा का समीकरण

$$\text{क य} + \text{ख र} + \text{ग} = 0 \qquad (\text{इ})$$

है जिसमें ग ऋणात्मक है। इस समीकरण को (अ) के रूप में लाने के लिये $\sqrt{\text{क}^2 + \text{ख}^2}$ से भाग दो।

अब हमारा समीकरण

$$\frac{\text{क}}{\sqrt{\text{क}^2 + \text{ख}^2}}\text{य} + \frac{\text{ख}}{\sqrt{\text{क}^2 + \text{ख}^2}}\text{र} + \frac{\text{ग}}{\sqrt{\text{क}^2 + \text{ख}^2}} = 0$$

हो गया। अतः (१) से लम्ब का मान

$$\frac{\text{क य}_1 + \text{ख र}_1 + \text{ग}}{\sqrt{\text{क}^2 + \text{ख}^2}}$$

हुआ।

हम $\sqrt{\text{क}^2 + \text{ख}^2}$ के साथ सदैव धन चिह्न लेंगे। अतः §३.१४ से स्पष्ट है कि यदि बिन्दु सरल रेखा के धन पक्ष में है तो लम्ब धनात्मक होगा और ऋण पक्ष में है तो लम्ब ऋणात्मक होगा।

उपफल—मूलबिन्दु से सरल रेखा (इ) पर डाले गये लम्ब का मान

$$\frac{\text{ग}}{\sqrt{\text{क}^2 + \text{ख}^2}}$$

है।

उदाहरण—सरल रेखा ४ य − ३ र + २ = ० पर बिन्दु (−१,५) से डाले गये लम्ब का मान बताओ।

अचल पद को ऋणात्मक करने के लिये समीकरण को इस रूप

$$-४ य + ३ र - २ = ०$$

में रक्खो।

अब, लम्ब का मान $\frac{(-४)(-१)+३.५-२}{\sqrt{४^२+३^२}}$ अर्थात् $\frac{१७}{५}$ हुआ।

प्रश्नावली १९

१. बिन्दु (३, −४) से सरल रेखा ५ य − १२र + २ = ० पर डाले गये

२. बिन्दु (१,२) से सरल रेखा २४ य − ७ र + १५ = ० पर डाले गये

३. मूलबिन्दु से सरल रेखा य + र + १ = ० पर डाले गये

४. बिन्दु (क, ख) से सरल रेखा क य + ख र + ग = ० पर डाले गये

५. (−२ −१) से सरल रेखा य − र = २ पर डाले गये

लम्ब का मान बताओ।

६. उस △ के उच्चत्वों के मान ज्ञात करो जिसके शीर्ष (१, −१), (−३,२) और (६,४) हैं।

७. बिन्दु (य, ३) से सरल रेखा ३ य + ४ र + ५ = ० पर डाले गये लम्ब का मान ४ है। य का मान बताओ।

८. य व्यकोज् क्ष — र व्युज्या क्ष = क और

य कोज् क्ष — र ज्या क्ष = क कोज् २ क्ष पर मूलबिन्दु से डाले गये लम्बों के मान पो और पौ हैं। सिद्ध करो कि

$$४\ पो^{२} + पौ^{२} = क^{२}\ ।$$

९. सरल रेखा य = र + ३ पर स्थित वह बिन्दु ज्ञात करो जिससे सरल रेखा ३ य — ४ र = २ पर डाला गया लम्ब २ है।

१० प्रश्नावली २ प्रश्न १० में सिद्ध करो कि △ के तीनों उच्चत्व बराबर है। और इस प्रकार प्रमाणित करो कि △ सम त्रिभुज है।

११ उस △ का क्षेत्रफल निकालो जिसके शीर्ष बिन्दु (०, ३), (— २, ४) और (१, ५) हैं

उस △ का क्षेत्रफल निकालो जिसकी भुजाओं के समीकरण निम्न लिखित हैं :—

१२. य — २र + १ = ०, ३ य + ४ र — २ = ० और ५ य + २ र — ३ = ०.

१३. य = ०, र = त$_{१}$ य + द$_{१}$ और र = त$_{२}$ य + द$_{२}$ ।

(का. हि. वि. १९३८, १९४१)

१४. र = त$_{१}$ य + द$_{१}$ र = त$_{२}$ य + द$_{२}$ और र = त$_{३}$ य + द$_{३}$ ।

३.१९ दो सरल रेखाओं का कटान बिन्दु।

मान लो कि निर्दिष्ट सरल रेखायें

$$क\ य + ख\ र + ग = ०,$$
$$कि\ य + खि\ र + गि = ०$$

हैं। इन सरल रेखाओं के कटान बिन्दु के भुजयुग्म दोनों समीकरणों को सन्तुष्ट करेंगे। अतः हमें इन दोनों समीकरणों को एक साथ हल करना है। अतएव कटान बिन्दु के लिये

$$\frac{य}{ख\,गि - खि\,ग} = \frac{र}{ग\,कि - गि\,क} = \frac{1}{क\,खि - कि\,ख}\ ।$$

इसलिये कटान बिन्दु के भुजयुग्म

$$\frac{ख\,गि - खि\,ग}{क\,खि - कि\,ख},\ \frac{ग\,कि - गि\,क}{क\,खि - कि\,ख}$$

हुए।

उदाहरण—सरल रेखाओं

$$३\,य - ५\,र + ११ = ०,$$
$$२\,य + र - ३ = ०$$

का कटान बिन्दु निकालो।

कटान बिन्दु के लिये

$$\frac{य}{१५ - ११} = \frac{र}{२२ + ९} = \frac{१}{३ + १०}$$

अतः कटान बिन्दु $\left(\frac{४}{१३}, \frac{३१}{१३}\right)$ हुआ

३.१७ उस सरल रेखा का समीकरण जो दो निर्दिष्ट सरल रेखाओं के कटान बिन्दु में से जाये।

मान लो कि

$$क\,य + ख\,र + ग = ०, \quad (अ)$$
$$कि\,य + खि\,र + गि = ० \quad (इ)$$

दो सरल रेखायें हैं।

(१) यदि ($य_१$, $र_१$) इन सरल रेखाओं का कटान बिन्दु है तो इस बिन्दु में से जानेवाली किसी भी सरल रेखा का समीकरण इस प्रकार

$$र - र_1 = त\ (य - य_1)$$

का होगा।

इस समीकरण में त कोई स्वेच्छ अचल है।

(२) समीकरण

$$क\ य + ख\ र + ग + जु\ (कि\ य + खि\ र + गि) = ० \qquad (उ)$$

पर विचार करो, जिसमें जु कोई स्वेच्छ अचल है।

यह समीकरण एकघातीय है, अतः किसी सरल रेखा को निरूपित करेगा।

और जिस बिन्दु के भुजयुग्म (अ) और (इ) को सन्तुष्ट करेंगे, इस समीकरण को भी सन्तुष्ट करेंगे। अतः यह सरल रेखा (अ) और (इ) के कटान बिन्दु में से गुजरती है।

इसके अतिरिक्त जु के विभिन्न परिमाणों के लिये यह समीकरण विभिन्न सरल रेखाओं को निरूपित करेगा।

इसलिये (उ) व्यापक समीकरण है उन अनन्त सरल रेखाओं का जो (अ) और (इ) के कटान बिन्दु में से होकर जाती हैं।

किसी प्रश्न में हम जु का मान इस प्रकार चुनेंगे कि किसी दूसरी निर्दिष्ट शर्त को पूरा करे।

उदाहरण—उस सरल रेखा का समीकरण निकालो जो सरल रेखाओं २ य − ३ र + ४ = ० और ४ य + २ र − १ = ० के कटान बिन्दु में से जाती है और याक्ष से ४५° का कोण बनाती है।

मान लो कि सरल रेखा का समीकरण

$$२\ य - ३\ र + ४ + जु\ (४\ य + २\ र - १) = ०$$

अर्थात् $(२ + ४\ जु)\ य + (२\ जु - ३)\ र + (४ - जु) = ०$

है। यदि इस समीकरण को (iii) के रूप में ढालें तो इसका 'त'

$$\frac{२+४\ जु}{३-२\ जु}$$

होगा। अतः निर्दिष्ट शर्त से

$$\frac{२+४\ जु}{३-२\ जु} = \text{स्पज्या } ४५^\circ = १$$

$$\therefore जु = \frac{१}{६}$$

अतः रेखा का समीकरण

$$२\ य - ३\ र + ४ + \frac{१}{६}\ (४\ य + २\ र - १) = ०$$

अर्थात् $१६\ (य - र) + २३ = ०$

हुआ।

प्रश्नावली १६

निम्नलिखित सरल रेखाओं के जोड़ों के कटान बिन्दु निकालो :

१. $३\ य - ७\ र - १ = ०$ और $२\ य + र + ५ = ०$.

२. $\frac{य}{कि} + \frac{र}{खि} = १$ और $\frac{य}{कु} + \frac{र}{खु} = १$.

३. य कोज् क्ष + र ज्या क्ष = क और य कोज् त्र + र ज्या त्र = क।

४. $\frac{य}{कि} + \frac{र}{खि} = १$ और $\frac{य}{खि} + \frac{र}{कि} = १$.

५. सिद्ध करो कि सरल रेखायें $५\ य + ७\ र = १$, $य - र = २$ और $४\ (४\ य - र) = १७$ संगामी हैं।

६. सरल रेखा ४ य − ३ र + ६ = ० से सरल रेखाओं य + र + १ = ० और २ य − ३ र + ४ = ० के कटान बिन्दु की दूरी निकालो।

७. उस सरल रेखा का समीकरण ज्ञात करो जो ५ य − २ र + ३ = ० और ३ य + ४ र + १ = ० के कटान बिन्दु को य = र और य − ३ र = ४ के कटान बिन्दु से मिलाती है।

उस सरल रेखा का समीकरण निकालो जो

८. बिन्दु (२, ३) में से और सरल रेखाओं य + र = ० और य − २ र = ३ के कटान बिन्दु में से गुजरती है।

९. सरल रेखाओं ५ य − र = १ और २ य + र = २ के कटान बिन्दु में से गुज़रती है और अक्षों पर समान अन्तःखण्ड बनाती है।

१०. सरल रेखाओं य + र + ३ = ० और र − य = २ के कटान बिन्दु में से गुज़रती है और रा‍द के ‖ है।

३.१८ उस अवस्था को ज्ञात करना जिसमें तीन सरल रेखायें संगामी हों।

मान लो कि सरल रेखाओं के समीकरण

$$क_1 \text{ य} + ख_1 \text{ र} + ग_1 = 0 \qquad (१)$$

$$क_2 \text{ य} + ख_2 \text{ र} + ग_2 = 0 \qquad (२)$$

$$क_3 \text{ य} + ख_3 \text{ र} + ग_3 = 0 \qquad (३)$$

हैं।

<u>पहली विधि</u>—(१) और (२) के कटान बिन्दु के भुजयुग्म

$$\frac{ख_1 ग_2 - ख_2 ग_1}{क_1 ख_2 - क_2 ख_1}, \quad \frac{ग_1 क_2 - ग_2 क_1}{क_1 ख_2 - क_2 ख_1} \qquad (४)$$

हैं। यदि सरल रेखायें संगामी हैं तो यह भुजयुग्म (३) को भी सन्तुष्ट करेंगे। अतः

$$क_३ \frac{ख_१ ग_२ - ख_२ ग_१}{क_१ ख_२ - क_२ ख_१} + ख_३ \frac{ग_१ क_२ - ग_२ क_१}{क_१ ख_२ - क_२ ख_१} + ग_३ = ०$$

अर्थात् $क_३ (ख_१ ग_२ - ख_२ ग_१) + ख_३ (ग_१ क_२ - ग_२ क_१)$
$+ ग_३ (क_१ ख_२ - क_२ ख_१) = ०$

अर्थात् $क_१ (ख_२ ग_३ - ख_३ ग_२) + ख_१ (ग_२ क_३ - ग_३ क_२)$
$+ ग_१ (क_२ ख_३ - क_३ ख_२) = ०$ (५)

यही अभीष्ट अवस्था है।

<u>दूसरी विधि</u>—यदि सरल रेखायें एक ही बिन्दु में मिलती हैं तो उस बिन्दु के भुजयुग्म तीनों समीकरणों को सन्तुष्ट करेंगे। अतः समीकरणों में से य, र का विलोपन करने से

$$\begin{vmatrix} क_१ & ख_१ & ग_१ \\ क_२ & ख_२ & ग_२ \\ क_३ & ख_३ & ग_३ \end{vmatrix} = ०,$$

जो कि (५) ही का दूसरा रूप है।

<u>तीसरी विधि</u>—यदि तीन अचल प, फ, ब ऐसे मिल जायँ कि समीकरण

$$प (क_१ य + ख_१ र + ग_१) + फ (क_२ य + ख_२ र + ग_२)$$
$$+ ब (क_३ य + ख_३ र + ग_३) = ० \quad (६)$$

एकात्मतः सन्तुष्ट हो जाय तो सरल रेखायें संगामी होंगी। क्योंकि ऐसी अवस्था में हम (६) को इस प्रकार

$$क_1 य + ख_1 र + ग_1 + \frac{फ}{प} (क_2 य + ख_2 र + ग_2)$$

$$= -\frac{ब}{प} (क_3 य + ख_3 र + ग_3)$$

लिख सकते हैं।

अतः समीकरण (३) का दूसरा रूप

$$क_1 य + ख_1 र + ग_1 + \frac{फ}{प} (क_2 य + ख_2 र + ग_2) = ०$$

हो गया। अब § ३.१७ से स्पष्ट है कि यह सरल रेखा (१) और (२) के कटान बिन्दु में से गुजरती हैं। अर्थात् तीनों सरल रेखायें संगामी हैं।

उदाहरण १—सिद्ध करो कि सरल रेखायें

$$य - र + १ = ०, \qquad (१)$$

$$२ य - र - १ = ०, \qquad (२)$$

और $$य + ३ र - ११ = ०, \qquad (३)$$

संगामी हैं।

<u>पहिली विधि</u>

(१) और (२) के कटान बिन्दु के लिये

$$\frac{य}{१ + १} = \frac{र}{२ + १} = \frac{१}{-१ + २}$$

अतः कटान बिन्दु, (२, ३) है।

स्पष्ट है कि इस बिन्दु के भुजयुग्म (३) को सन्तुष्ट करते हैं।

<u>दूसरी विधि</u>–सारणिक

$$\begin{vmatrix} १ & -१ & १ \\ २ & -१ & -१ \\ १ & ३ & -११ \end{vmatrix} = \begin{vmatrix} १ & ० & ० \\ २ & १ & -३ \\ १ & ४ & -१२ \end{vmatrix}$$

$$= \begin{vmatrix} १ & -३ \\ ४ & -१२ \end{vmatrix} = -१२+१२ = ०.$$

<u>तीसरी विधि</u>—यदि हम (१), (२) और (३) को क्रमशः ७, –४ और १ से गुणा करके जोड़ें तो व्यञ्जक

$$७(य-र+१)-४(२य-र-१)+(य+३र-११)$$

मिलेगा जो एकात्मतः ० है।

उदाहरण २—किसी △ की माध्यिकायें संगामी होती हैं।

मान लो कि का खा गा एक △ है जिसके शीर्षों के नियामक क्रमशः ($य_१$, $र_१$), ($य_२$, $र_२$) और ($य_३$, $र_३$) हैं।

यदि खा गा का मध्य बिन्दु घा है तो उसके भुजयुग्म $\frac{१}{२}(य_२+य_३)$, $\frac{१}{२}(र_२+र_३)$ हुये।

और का बिन्दु ($य_१$, $र_१$) है।

अतः का घा का समीकरण

$$\frac{य-\frac{य_२+य_३}{२}}{य_१-\frac{य_२+य_३}{२}} = \frac{र-\frac{र_२+र_३}{२}}{र_१-\frac{र_२+र_३}{२}}$$

अर्थात् $(२य-य_२-य_३)(२र_१-र_२-र_३)$

$$=(२र-र_२-र_३)(२य_१-य_२-य_३)$$

अर्थात् $(२र_१-र_२-र_३)य-(२य_१-य_२-य_३)र$

$$+(य_१र_२-य_२र_१)-(य_३र_१-य_१र_३)=०$$

हुआ। इसी प्रकार शेष दोनों माध्यिकाओं के समीकरण

$$(2\,र_2 - र_3 - र_1)\,य - (2\,य_2 - य_3 - य_1)\,र$$
$$+ (य_2\,र_3 - य_3\,र_2) - (य_1\,र_2 - य_2\,र_1) = 0$$

और $$(2\,र_3 - र_1 - र_2)\,य - (2\,य_3 - य_1 - य_2)\,र$$
$$+ (य_3\,र_1 - य_1\,र_3) - (य_2 र_3 - य_3\,र_2)) = 0$$

हुये।

इन तीनों समीकरणों का योग एकात्मतः ० हो जाता है।

प्रश्नावली १७

सिद्ध करो कि निम्नलिखित सरल रेखायें संगामी हैं :—

१. $य - र = ४$, $३\,य - र = १०$ और $य + २\,र = १$.

२. $५\,य = र - १$, $२\,य + र = १$ और $य = ४\,(र - १)$.

३. $३\,य = र - १$, $य + १ = क\,(र + २)$ और $६\,य + र + ८ = ०$

४. $य + र = क + ख$, $२\,य - र = २\,क - ख$

और $क\,य + र = क^2 + ख$।

५. सरल रेखायें $य + र + १ = ०$, $२\,य + ३\,र - १ = ०$ और $४\,य + ५\,र + क = ०$ संगामी हैं। क का मान बताओ।

६. यदि तीनों सरल रेखायें

$प_1\,य + फ_1\,र = १$, $प_2\,य + फ_2\,र = १$, $प_3\,य + फ_3\,र = १$

संगामी हैं तो सिद्ध करो कि तीनों बिन्दु जिनके भुजयुग्म $(प_1, फ_1)$, $(प_2, फ_2)$ और $(प_3, फ_3)$ हैं, संरैखिक हैं।

(इ. बो. १९४०)

३.१९ दो सरल रेखाओं का मध्यस्थ कोण।

(१) मान लो कि सरल रेखाओं के समीकरण

य कोज् अ + र ज्या अ = प और य कोज् इ + र ज्या इ = पि

हैं।

चित्र ३३

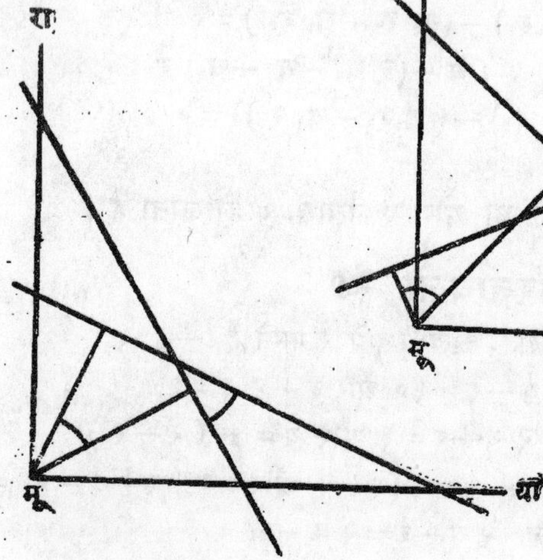

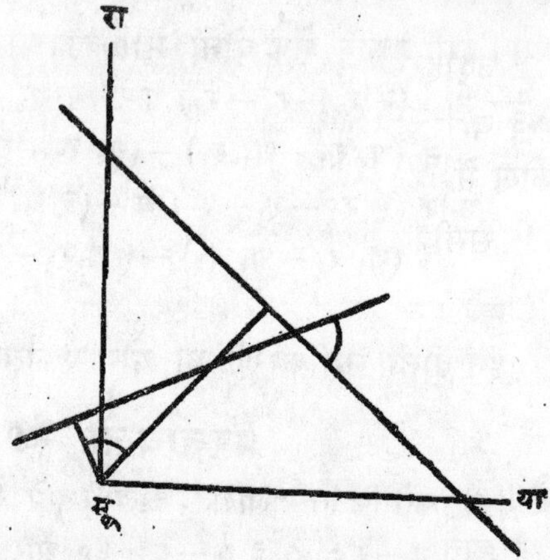

चित्र ३४

चित्रों से स्पष्ट है कि इन सरल रेखाओं का वह सा मध्यस्थ कोण जिसमें मूलबिन्दु स्थित नहीं है इ—अ होगा।

और दूसरा मध्यस्थ कोण जिसमें मूलबिन्दु स्थित है π—इ +अ होगा।

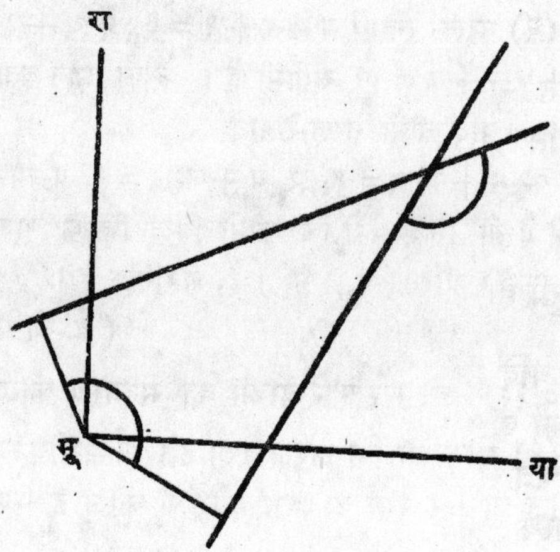

चित्र ३५

उदाहरण—मूलबिन्दु सरल रेखाओं य − र + १ = ० और $\sqrt{३}$ य + र + ५ = ० के मध्यस्थ न्यून कोण में है या अधिक कोण में ?

समीकरणों का लाम्बिक रूप

$$य \text{ कोज्} \frac{३\pi}{४} + र \text{ ज्या } \frac{३\pi}{४} = \frac{१}{\sqrt{२}},$$

$$य \text{ कोज्} \frac{७\pi}{६} + र \text{ ज्या } \frac{७\pi}{६} = \frac{५}{२}$$

है।

अतः सरल रेखाओं का वह मध्यस्थ कोण जिसमें मूलबिन्दु स्थित नहीं है

$$\frac{७\pi}{६} - \frac{३\pi}{४} \text{ अर्थात् } \frac{५}{१२}\pi \text{ है},$$

जो कि एक न्यून कोण है। अतः मूलबिन्दु अधिक कोण में है।

(२) मान लो कि सरल रेखाओं के समीकरण र = त य + द और र = ति य + दि हैं और रेखायें याक्ष से कोण अ और इ बनाती हैं।

यदि सरल रेखायें पा का और पा खा हैं तो चित्र से स्पष्ट है कि मध्यस्थ कोण का पा खा = अ − इ।

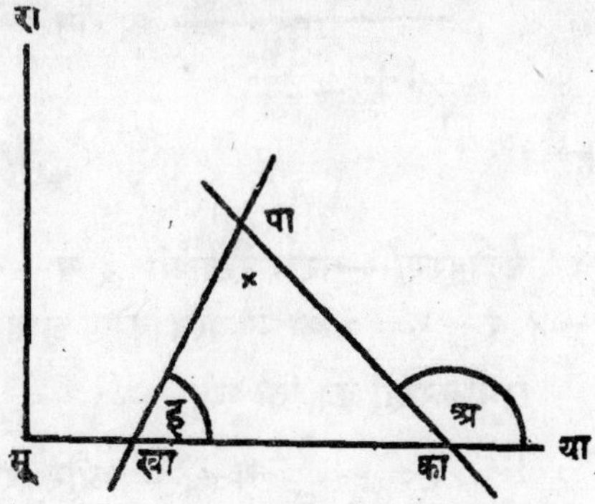

चित्र ३६

$$\therefore \text{स्पज्या का पा खा} = \text{स्पज्या}\ (\text{अ} - \text{इ})$$

$$= \frac{\text{स्पज्या अ} - \text{स्पज्या इ}}{१ + \text{स्पज्या अ स्पज्या इ}}$$

$$= \frac{\text{त} - \text{ति}}{१ + \text{त ति}}\text{।}$$

यदि यह राशि धनात्मक आये तो सरल रेखाओं के मध्यस्थ न्यून कोण की स्पज्या है, अन्यथा अधिक कोण की।

(३) मान लो कि सरल रेखाओं के समीकरण

$$\text{क य} + \text{ख र} + \text{ग} = ० \text{ और कि य} + \text{खि र} + \text{गि} = ०$$

हैं। तो इन समीकरणों के 'त' रूप

$$\text{र} = -\frac{\text{क}}{\text{ख}}\text{ य} - \frac{\text{ग}}{\text{ख}} \text{ और र} = -\frac{\text{कि}}{\text{खि}}\text{ य} - \frac{\text{गि}}{\text{खि}}$$

हुये। अतः इन सरल रेखाओं के मध्यस्थ कोण की स्पज्या

$$\frac{-\frac{\text{क}}{\text{ख}} + \frac{\text{कि}}{\text{खि}}}{1 + \frac{\text{क कि}}{\text{ख खि}}} \text{ अर्थात् } \frac{\text{कि ख} - \text{खि क}}{\text{क कि} + \text{ख खि}}$$

हुई।

उदाहरण—सरल रेखाओं ३ य + २ र + १ = ० और य −४ र − २ = ० का मध्यस्थ कोण ज्ञात करो।

समीकरणों का 'त' रूप

$$\text{र} = -\frac{३}{२}\text{ य} - \frac{१}{२} \text{ और र} = \frac{१}{४}\text{ य} - \frac{१}{२}$$

है। अतः मध्यस्थ कोण की स्पज्या

$$\frac{-\frac{३}{२}-\frac{१}{४}}{१-\frac{३}{२}\cdot\frac{१}{४}} \text{ अर्थात् } -\frac{१४}{५}$$

हुई।

∴ सरल रेखाओं के मध्यस्थ न्यून कोण की स्पज्या $\frac{१४}{५}$ है।

प्रश्नावली १८

निम्नलिखित सरल रेखाओं का मध्यस्थ न्यून कोण ज्ञात करो :—

१. २ य + ३ र + २ = ० और य − ५ र + ३ = ०.

२. ११य + ३ र + १ = ० और य − ५ र − २ = ०.

३. ५ य − ४ र + २ = ० और ४ थ + ५ र − ३ = ०.

४. य = र और य + २ र + १० = ०.

५. क य + ख र + ग = ० और ख य − क र + गि = ०.

निम्नलिखित सरल रेखाओं का मध्यस्थ अधिक कोण ज्ञात करो:—

६. य + र = ० और (२ − √३) य = र − ३.

७. य + र + क = ० और ३ य − २ र + ख = ०.

८. निम्नलिखित सरल रेखाओं से बने △ के शीर्ष और शीर्ष कोण बताओ :—

य = २, य + र = १ और र = ४ (य − १).

९. सरल रेखा य = र बिन्दुओं (२,४) और (−१, −२) की संयोजक रेखा से कौन सा कोण बनाती है ?

१०. अक्षों पर एक सरल रेखा के अन्तःखण्ड कि, −खि हैं और दूसरी के − कि, खि। उनका मध्यस्थ कोण ज्ञात करो।

निम्नलिखित बिन्दु सरल रेखाओं य + २ र = १ और ३ य − र + २ = ० से बने न्यून कोण में हैं या अधिक कोण में ?

११. मूलबिन्दु

१२. बिन्दु (२,३)

[इस बिन्दु को मूलबिन्दु में परिवर्तित करो]

१३. बिन्दु (−१,४)

१४. उन दो सरल रेखाओं के समीकरण निकालो जो बिन्दु (४,५) में से गुजरती हैं और सरल रेखाओं ३ य = ४ र + ७ और ५ र = १२ य + ६ से समान कोण बनाती हैं।

(इ. बो. १६३६)

३.२० <u>समानान्तरता की अवस्था</u>—दो सरल रेखायें समानान्तर होंगी यदि उनका मध्यस्थ कोण शून्य हो अर्थात् मध्यस्थ कोण की स्पज्या शून्य हो।

अतः §३.१९ से स्पष्ट है कि दो सरल रेखायें समानान्तर होंगी यदि

$$त = ति ।$$

दूसरे शब्दों में, दो सरल रेखायें समानान्तर होंगी यदि उनके 'त' समान हैं। इसलिये, यदि उनके समीकरण त—रूप में दिये हों तो केवल उनके अचल पदों में ही भिन्नता होगी।

§३.१६ की दशा (३) में समानान्तरता की अवस्था

$$क\ खि = ख\ कि$$

अर्थात् $\frac{क}{कि} = \frac{ख}{खि} = जु$, मान लो

अतः यदि दो सरल रेखायें ॥ हैं तो उनके समीकरणों में य, र के गुणक अनुपाती होंगे।

∴ §३.१६ की दशा (३) में दूसरे समीकरण

कि य + खि र + गि = ०

को हम इस प्रकार

$$\frac{क}{जु} य + \frac{ख}{जु} र + ग = ०$$

अर्थात् क य + ख र + गो = ०, (अं)

लिख सकते हैं जिसमें गो कोई अन्य अचल हैं।

अतः यदि कहीं भी हमें कोई सरलरेखा

क य + ख र + ग = ०

के ॥ लेनी है तो हम उसका समीकरण (अं) के रूप में ले सकते हैं।

नोट—यदि दो सरल रेखायें ॥ हैं तो § ३.१६ से स्पष्ट है कि उनके कटान बिन्दु के भुजयुग्मों का हर शून्य होगा। अतः दो समानान्तर सरल रेखायें अनन्ती पर काटती हैं।

उदाहरण १—उस सरल रेखा का समीकरण निकालो जो बिन्दु, (२, ३) में से गुजरती है और सरल रेखा

५ य − ४ र + ३ = ०

के ॥ है।

मान लो कि सरल रेखा का समीकरण

५ य − ४ र + ग = ०

है। चूँकि बिन्दु (२, ३) इस सरल रेखा पर स्थित है,

$\therefore$ ५.२ − ४.३ + ग = ०

अर्थात् ग = २।

अतः हमारा अभीष्ट समीकरण

५ य − ४ र + २ = ० (ञ)

हुआ।

उदाहरण २—उस सरल रेखा का समीकरण ज्ञात करो जो बिन्दु (अ, इ) में से गुजरती है और सरल रेखा

क य + ख र + ग = ०

के ‖ है।

मान लो कि सरल रेखा का समीकरण

क य + ख र + गि = ०

है। अब, चूँकि बिन्दु (अ, इ) इस सरल रेखा पर स्थित है,

$\therefore$ क अ + ख इ + गि = ०

$\therefore$ घटाने से, क (य − अ) + ख (र − इ) = ०। (अः)

यही अभीष्ट समीकरण है।

इस समीकरण का स्मरण करना बहुत सरल है। निर्दिष्ट समीकरण के य, र के गुणकों को ज्यूँ का त्यूँ रख लो

क + ख।

अब य के स्थान पर य − अ और र के स्थान पर र − इ रख लो। समीकरण (अः) आगया।

इस प्रकार, उदाहरण १ का समीकरण

५ (य − २) − ४(र − ३)

होगा जो कि (ञ) का ही दूसरा रूप है।

प्रश्नावली १९

उस सरल रेखा का समीकरण निकालो जो

(१) बिन्दु (१, −२) में से गुजरती है और सरल रेखा य+२ र +१ = ० के ‖ है।

(२) बिन्दु (३, −६) में से गुजरती है और सरल रेखा य = २ र के ‖ है।

(३) बिन्दु, (च, छ) में से होकर जाती है और सरल रेखा प य+ फ र+ब = ० के ‖ है।

(४) सरल रेखाओं ४ य−२ र+३ = ० और ७ य +६र−१ = ० के कटान बिन्दु में से गुजरती है और सरल रेखा ३ य+र = ० के ‖ है।

(५) मूलबिन्दु में से गुजरती है और सरल रेखा य−र +१२ = ० के ‖ है।

(६) सरल रेखाओं १५ य−र+१२ = ० और ३ य+४ र +३ = ० के कटान बिन्दु में से गुज़रती है और राक्षके ‖ है

(७) बिन्दु (२, १) में से गुजरती है और बिन्दुओं (२, ३) और (३, −१) की संयोजक सरल रेखा के ‖ है।

(का. हि. वि. १९३९)

(८) सरल रेखायें ट य+३ र−११ = ० और य+२ +३ = ० ‖ हैं। ट का मान बताओ।

(९) एक △ के शीर्ष बिन्दु (०, ०), (१, २) और (२, −१) हैं। शीर्षों में से सम्मुख भुजाओं के ‖ सरल रेखायें खींची गई हैं। उनके समीकरण ज्ञात करो।

(१०) बिन्दुओं (०, ०) और (१, २) की संयोजक सरल रेखा बिन्दुओं (१, −६) और (४, क) की संयोजक सरल रेखा के ‖ है। क का मान बताओ।

३.२१ लाम्बिकता की अवस्था

यदि दो सरल रेखायें परस्पर लम्ब हैं तो उनके मध्यस्थ कोण की स्पर्ज्या अनन्त होगी।

अतः § ३·१६ से स्पष्ट है कि दो सरल रेखायें परस्पर लम्ब होंगी यदि

$$१ + \text{त ति} = ०$$

अर्थात्

$$\text{त ति} = -१$$

दूसरे शब्दों में, दो सरल रेखायें परस्पर लम्ब होंगी यदि उनके 'त' ओं का गुणनफल −१ है।

§ ३·१६ की दशा (३) में लाम्बिकता की अवस्था

$$\text{क कि} + \text{ख खि} = ०$$

होगी।

अतः स्पष्ट है कि सरल रेखायें

$$\text{क य} + \text{ख र} + \text{ग} = ० \qquad (१)$$

और

$$\text{ख य} - \text{क र} + \text{गि} = ०$$

सदैव परस्पर लम्ब होंगी। इसके अतिरिक्त सरल रेखा

$$\frac{\text{य}}{\text{क}} - \frac{\text{र}}{\text{ख}} + \text{गी} = ०$$

भी (१) पर $\perp$ होगी।

इसलिये यदि हम किसी समीकरण में य, र के गुणकों का हेर फेर (या व्युत्क्रमण) करके उनमें से एक का चिह्न बदल दें तो एक लाम्बिक सरल रेखा का समीकरण हमें प्राप्त होगा। इस

लब्ध समीकरण में हम अचल पद इस प्रकार चुन सकते हैं कि यह नई सरल रेखा किसी और निर्दिष्ट शर्त को पूरा करे।

उदाहरण १—उस सरल रेखा का समीकरण ज्ञात करो जो बिन्दु (−२, ३) में से गुज़रती है और सरल रेखा

$$४ य + २ र + ३ = ० \quad (पं)$$

पर ⊥ है।

<u>पहिली विधि</u>—(−२, ३) में से जानेवाली किसी सरल रेखा का समीकरण

$$र - ३ = त (य + २)$$

अर्थात् $त य - र + (२ त + ३) = ०$

है। यदि यह सरल रेखा (पं) पर लम्ब है तो

$$४ त + २ (-१) = ० \quad अर्थात्\ त = \frac{१}{२}$$

अतः सरल रेखा का समीकरण

$$र - ३ = \frac{१}{२} (य + २)$$

अर्थात् $य - २ र + ८ = ० \quad (फं)$

हुआ।

<u>दूसरी विधि</u>—(पं) पर लम्ब किसी सरल रेखा का समीकरण

$$२ य - ४ र + ग = ०$$

है। यदि बिन्दु (−२, ३) इस सरल रेखा पर स्थित है तो

$$२ (-२) - ४ (३) + ग = ०$$

अर्थात् $ग = १६$.

तो अभीष्ट समीकरण

$$२ य - ४ र + १६ = ०$$

अर्थात् समीकरण (फं) हुआ।

<u>उदाहरण २</u>—उस सरल रेखा का समीकरण निकालो जो बिन्दु (अ, इ) में से गुज़रती है और सरल रेखा

$$क\, य + ख\, र + ग = ० \qquad (बं)$$

पर ⊥ है।

किसी सरल रेखा का, जो (बं) पर ⊥ है, समीकरण

$$ख\, य - क\, र + गि = ०$$

है।

अब, चूँकि बिन्दु (अ, इ) इस सरल रेखा पर स्थित है,

$$ख\, य - क\, इ + गि = ०.$$

$\therefore$ घटाने से, $ख\,(य - अ) - क\,(र - इ) = ०$ (भं)

यही अभीष्ट समीकरण है।

इस समीकरण को याद करने का यह गुर है :

(i) निर्दिष्ट समीकरण (बं) में य, र के गुणकों क, ख का हेर फेर करो।

(ii) इन में से एक का चिह्न बदल दो।

अब हमारे नये गुणक

$$ख \qquad -क$$

हो गये।

(iii) अन्त में, य के स्थान पर य − अ और र के स्थान पर र − इ रख दो।

तो हमारा समीकरण (भं) हो गया।

उदाहरण १ में यह नियम लगाने से अभीष्ट समीकरण

$$२ (य+२) -४ (र-३)$$

हुआ जो कि (फं) का ही दूसरा रूप है।

प्रश्नावली २०

उस सरल रेखा का समीकरण ज्ञात करो जो

(१) बिन्दु (१, −२) में से गुरज़ती हैं और सरल रेखा य+५र+३ =० पर ⊥ है।

(२) बिन्दु (−३, −४) में से गुज़रती है और सरल रेखा य−र =० पर लम्ब है।

(३) बिन्दु (क,ख) में से गुज़रती है और सरल रेखा $\frac{य}{कि}+\frac{र}{खि}=१$ पर लम्ब है।

(४) बिन्दु (३, २) में से गुज़रती है और बिन्दुओं (१, २) और (−१, ३) की संयोजक सरल रेखा पर ⊥ है।

(५) सरल रेखा ५य−४र+१=० पर उस बिन्दु पर ⊥ है जिसमें यह सरल रेखा याक्ष से मिलती है।

(६) बिन्दुओं (१, २) और (३, ४) की संयोजक सरल रेखा को अधियाती है और उस पर ⊥ है।

(७) बिन्दुओं (३, −४), और (२, −७) की संयोजक सरल रेखा को ३:५ की निष्पत्ति में काटती है और उस पर ⊥ है।

(८) एक△के शीर्ष बिन्दु, (१, −७), (−२, ६) और (३,०) हैं। शीर्षों से सम्मुख भुजाओं पर डाले गये लम्बों के समीकरण ज्ञात करो।

(९) इस प्रकरण की सहायता से सिद्ध करो कि प्रश्नावली २ प्रश्न १६ को आकृति एक वर्ग है।

(१०) किसी $\triangle$ में सिद्ध करो कि

(क) तीनों उच्चत्व

(ख) भुजाओं पर, मध्य बिन्दुओं पर, डाले गये लम्ब

संगामी होते हैं।

(११) सिद्ध करो कि बिन्दुओं (द कोज् अ, द ज्या अ) और (द कोज् इ, द ज्या इ) की संयोजक सरल रेखा पर मूलबिन्दु से डाला गया लम्ब उस सरल रेखा को अधियाता है।

(इ. बो. १९३८)

३.२२ उन सरल रेखाओं के समीकरण ज्ञात करना जो निर्दिष्ट बिन्दु ($य_1$, $र_1$) में से गुज़रें और निर्दिष्ट सरल रेखा र=ल य+द से निर्दिष्ट कोण अ बनायें।

मान लो कि निर्दिष्ट बिन्दु पा है और निर्दिष्ट सरल रेखा चे छे जे है जो याद्य से ऐसा कोण त्त बनाती है कि

स्पज्या त्त = त ।

साधारणतया निर्दिष्ट बिन्दु पा में से ऐसी दो सरल रेखायें पा छे फा और पा जे बा खींची जा सकती हैं जो निर्दिष्ट रेखा चे छे जे से $\angle$ अ बनायें—किन्तु उस अवस्था में केवल एक ही ऐसी सरल रेखा होगी जब कि $\angle$ अ $= 0$ या $\frac{\pi}{2}$ ।

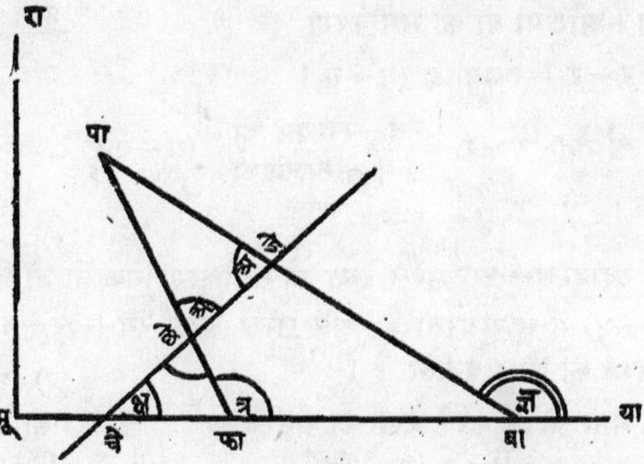

चित्र ३७

मान लो कि यह सरल रेखायें यात्त से फा, बा में मिलती हैं और यात्त से ∠त्र, ज्ञ बनाती हैं।

अब $\angle\, \text{त्र} = \text{त्त} + \text{अ}$ ।

$\therefore \text{स्पज्या त्र} = \text{स्पज्या}\,(\text{त्त} + \text{अ})$ ।

$$= \frac{\text{स्पज्या त्त} + \text{स्पज्या अ}}{1 - \text{स्पज्या त्त स्पज्या अ}} = \frac{\text{त} + \text{स्पज्या अ}}{1 - \text{त स्पज्या अ}},$$

और $\angle\, \text{ज्ञ} = (\pi - \text{अ}) + \text{त्त}$ ।

$$\therefore \text{स्पज्या ज्ञ} = \text{स्पज्या}\,(\pi + \text{त्त} - \text{अ}) = \text{स्पज्या}\,(\text{त्त} - \text{अ})$$

$$= \frac{\text{स्पज्या त्त} - \text{स्पज्या अ}}{1 + \text{स्पज्या त्त स्पज्या अ}} = \frac{\text{त} - \text{स्पज्या अ}}{1 + \text{त स्पज्या अ}}\text{।}$$

अतः पा फा का समीकरण $\text{र} - \text{र}_1 = \text{स्पज्या त्र}\,(\text{य} - \text{य}_1)$

अर्थात् $\text{र} - \text{र}_1 = \dfrac{\text{त} + \text{स्पज्या अ}}{1 - \text{त स्पज्या अ}}(\text{य} - \text{य}_1)$

हुआ। और पा बा का समीकरण

$$र - र_1 = स्पज्या\ ज्ञ\ (य - य_1)$$

$$अर्थात्\ \ र - र_1 = \frac{त - स्पज्या\ अ}{1 + त\ स्पज्या\ अ}\ (य - य_1)$$

हुआ।

<u>उदाहरण</u>—उस सरल रेखा का समीकरण निकालो जो बिन्दु, (१,—४) में से गुजरती है और सरल रेखा २य+३र+५=० से ४५° का कोण बनाती है।

मान लो कि सरल रेखा का समीकरण

$$र + 4 = त\ (य - 1)$$

है।

निर्दिष्ट सरल रेखा का 'त' $-\frac{2}{3}$ है।

अतः निर्दिष्ट शर्त से

$$\frac{त + \frac{2}{3}}{1 - \frac{2}{3}त} = \pm स्पज्या\ \ 45 = \pm 1.$$

$$\therefore त = -5\ या\ \frac{1}{5}.$$

अतः समीकरण र+४ = −५ (य−१) अर्थात् ५ य+र = १

और र + ४ = $\frac{1}{5}$ (य−१) अर्थात् य−५ र = २१

हुए।

प्रश्नावली २१

उन सरल रेखाओं का समीकरण ज्ञात करो जो

(१) बिन्दु(१, १)में से गुज़रती हैं और सरल रेखा ३य−७र+५ = ० से ४५° का कोण बनाती हैं।

(२) बिन्दु (क, ख) में से गुज़रती हैं और राक्ष से ३०° का कोण बनाती हैं।

(३) बिन्दु (२, ३) में से गुज़रती हैं और सरल रेखा य+३र+४ =० से ६०° का कोण बनाती है।

(४) बिन्दु (−३, ४) में से गुजरती हैं और सरल रेखा य=र से स्पज्या$^{-१}\frac{१}{३}$ का कोण बनाती हैं।

(५) किसी वर्ग के एक विकर्ण का समीकरण ३य−४र+८=० और एक शीर्ष के भुजयुग्म (४, ६) हैं। वर्ग की उन दोनों भुजाओं के समीकरण निकालो जो इस शीर्ष पर मिलती हैं।

३.२३ सरल रेखाओं के मध्यस्थ कोणों के अर्धक।

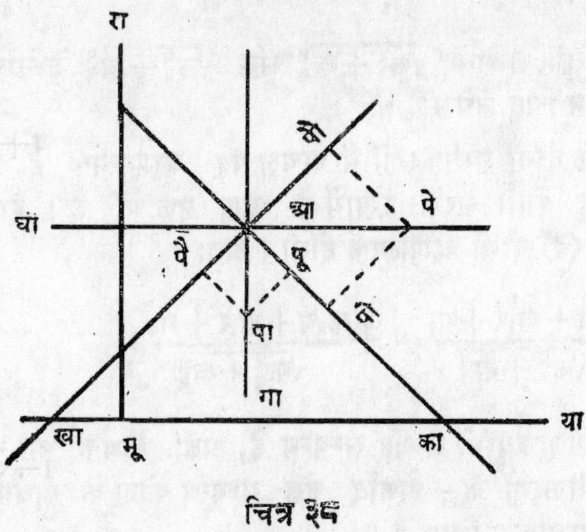

चित्र ३६

मान लो कि सरल रेखाओं के समीकरण

$$\text{क}_1\,\text{य}+\text{ख}_1\,\text{र}+\text{ग}_1=0, \qquad (१)$$

$$\text{क}_2\,\text{य}+\text{ख}_2\,\text{र}+\text{ग}_2=0 \qquad (२)$$

हैं जिनमें अचल पद ऋणात्मक हैं।

मान लो कि सरल रेखायें आ का और आ खा हैं और उनके मध्यस्थ कोणों के अर्धक आ गा और आ घा हैं।

मान लो कि आ गा पर पा कोई बिन्दु है जिसके भुजयुग्म (य, र) हैं।

आ का और आ खा पर पा से पा पू और पा पै $\perp$ डालो। यह लम्ब समान होंगे और इनके मान क्रमशः

$$\frac{\text{क}_1\text{य}+\text{ख}_1\text{र}+\text{ग}}{\sqrt{\text{क}_1^2+\text{ख}_1^2}},\quad \frac{\text{क}_2\text{य}+\text{ख}_2\text{र}+\text{ग}_2}{\sqrt{\text{क}_2^2+\text{ख}_2^2}} \qquad (३)$$

होंगे जिनमें राशियों $\sqrt{\text{क}_1^2+\text{ख}_2^2}$ और $\sqrt{\text{क}_2^2+\text{ख}_2^2}$ के साथ हम सदैव धन चिह्न लेंगे।

चूँकि दोनों समीकरणों में अचल पद ऋणात्मक हैं, अतः मूलबिन्दु दोनों सरल रेखायें के ऋण पक्ष में है। इसलिये राशियाँ (३) दोनों ऋणात्मक होंगी। अतः

$$\frac{\text{क}_1\text{य}+\text{ख}_1\text{र}+\text{ग}_1}{\sqrt{\text{क}_1^2+\text{ख}_1^2}}=+\frac{\text{क}_2\text{य}+\text{ख}_2\text{र}+\text{ग}_2}{\sqrt{\text{क}_2^2+\text{ख}_2^2}}\,। \qquad (४)$$

पा के भुजयुग्मों में यह सम्बन्ध है, अतः अर्धक आ गा का यही समीकरण है—अर्थात् उस मध्यस्थ कोण के अर्धक का जिसमें मूलबिन्दु स्थित है।

अब दूसरे अर्धक आ धा पर कोई बिन्दु पे (य, र) लो और इससे सरल रेखाओं पर पे पो और पे पौ ⊥ डालो।

इन लम्बों के भी संख्यात्मक मान (३) ही होंगे। परन्तु बिन्दु पे सरल रेखा आ का के धन पक्ष में है और आ खा के ऋण पक्ष में। अतः इन लम्बों के मानों के चिह्न विपरीत होंगे। इसलिये पे के भुजयुग्मों में यह सम्बन्ध

$$\frac{क_१य + ख_१र + ग_१}{\sqrt{क_१^२ + ख_१^२}} = -\frac{क_२य + ख_२र + ग_२}{\sqrt{क_२^२ + ख_२^२}} \qquad (५)$$

होगा। यही समीकरण होगा आधा का—अर्थात् उस मध्यस्थ कोण के अर्धक का जिसमें मूलबिन्दु स्थित नहीं है।

<u>उपफल</u>—यह सरलता से सिद्ध हो सकता है कि दोनों अर्धक परस्पर लम्ब हैं।

उदाहरण १—सरल रेखाओं

७ य − २४ र + १५ = ० और ४ य + ३ र − ५ = ०

के मध्यस्थ कोणों के अर्धकों के समीकरण निकालो।

पहिले समीकरणों को ऐसे रूप में रक्खो कि अचल पद ऋणात्मक हों :

− ७ य + २४ र − १५ = ० और ४ य + ३ र − ५ = ०.

अब अर्धकों के समीकरण

$$\frac{-७य + २४र - १५}{\sqrt{७^२ + २४^२}} = \pm \frac{४य + ३र - ५}{\sqrt{४^२ + ३^२}}$$

हुये।

अतः जिस कोण में मूलबिन्दु स्थित है उसके अर्धक का समीकरण

$$\frac{-७य+२४र-१५}{२५}=+\frac{४य+३र-५}{५}$$

अर्थात् $२७य-६र-१०=०$

हुआ। और दूसरे कोण के अर्धक का समीकरण

$$\frac{-७य+२४र-१५}{२५}=-\frac{४य+३र-५}{५}$$

अर्थात् $१३य+३९र-४०=०$

हुआ।

उदाहरण २—पा फा बा एक △ है जिसके शीर्षों के भुज-युग्म क्रमशः (३, २), (६, ४) और (२, ७) हैं। अन्तःकेन्द्र के भुजयुग्म निकालो।

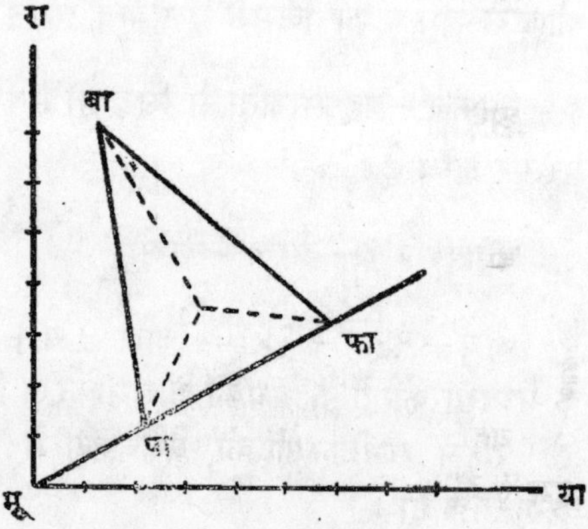

चित्र ३९

△की भुजाओं के समीकरण क्रमशः

$३य+४र-३४=०$, $५य+र-१७=०$

और $२य-३र=०$

हैं।

$\angle$बा में मूलबिन्दु स्थित नहीं है। अतः उसके अन्तरर्धक का समीकरण

$$\frac{५य+र-१७}{\sqrt{२६}} = -\frac{३य+४र-३४}{५}$$

अर्थात् $(२५-३\sqrt{२६})य+(५-४\sqrt{२६})र$
$$-१७(५-२\sqrt{२६})=० \qquad (१)$$

हुआ।

$\angle$फा के अर्धकों के समीकरण

$$\frac{३य+४र-३४}{५} = \pm\frac{२य-३र}{\sqrt{१३}}$$

अर्थात् $(३\sqrt{१३}-१०)य+(४\sqrt{१३}+१५)र$
$$-३४\sqrt{१३}=० \qquad (२)$$

और $(३\sqrt{१३}+१०)य+(४\sqrt{१३}-१५)र$
$$-३४\sqrt{२३}=० \qquad (३)$$

हैं।

यहाँ, चूँकि भुजा पा फा मूल बिन्दु में से गुजरती है, इस लिए हम § ३. २३ की पहिचान नहीं लगा सकते।

परन्तु, चित्र से स्पष्ट है कि $\angle$ फा के अन्तरर्धक का 'त' धनात्मक होगा और बहिरर्धक का ऋणात्मक।

अतः इन समीकरणों में से (२) बहिरर्धक को निरूपित करेगा और (३) अन्तरार्धक को।

$\therefore$ अन्तः केन्द्र (१) और (३) का कटान बिन्दु होगा।

प्रश्नावली २२

निम्नलिखित सरल रेखाओं के मध्यस्थ कोणों के अर्धक ज्ञात करो। पहिले उस कोण के अर्धक का समीकरण लिखो जिसमें मूलबिन्दु स्थित है।

(१) ३य + ४र + १ = ० और ५य + १२र = १३

(२) १२य − ५र + २ = ० और ७य − २४र + ३ = ०

(३) ३य − ४र + २ = ० और य − र − १ = ०

उस △ के अन्तःकेन्द्र के भुजयुग्म निकालो जिसकी भुजाओं के समीकरण निम्नलिखित हैं :—

(४) य − र = ३ − २ $\sqrt{२}$, र + ४ = ० और २ $\sqrt{२}$ य + र = ४ + २ $\sqrt{२}$

(५) य + १ = ०, र + २ = ० और य + र + ५ + $\sqrt{२}$ = ०

(६) य = ०, य − र + ३ + ३ $\sqrt{२}$ = ० और
य + र + ३ + ३ $\sqrt{२}$ = ०

(७) सरल रेखाओं य + र + ४ = ० और ३य − ४र + ५ = ० के मध्यस्थ अधिक कोण का समीकरण निकालो।

[पहिले यह ज्ञात करो कि मूलबिन्दु न्यून कोण में है अथवा अधिक कोण में]

(८) सिद्ध करो कि किसी △ के कोणों के अन्तरर्धक संगामी होते हैं।

उस △ के अन्तःकेन्द्र के भुजयुग्म ज्ञात करो जिसके शीर्ष बिन्दु

(९) (०, ०), (३, ०) और (०, ४) है।

(१०) (३, ५), (−२, − [illegible]) और (६, १) ।

(का० हि० वि० १९३७)

(११) (६, ०), (०, ६) और (७, ७) हैं।

(का० हि० वि० १९४२)

(१२) सरल रेखा ४य − ३र = १२ अक्षों से एक △ बनाती है। उस △ के अंतःकेन्द्र के भुजयुग्म ज्ञात करो।

(इ० बो० १९३७)

(१३) सरल रेखा ३य + २र = ५ पर स्थित उन बिन्दुओं के भुजयुग्म ज्ञात करो जो सरल रेखाओं ४य + ३र = ७ और २र − ५ = ० से समदूरस्थ हैं।

(इ० बो० १९३९)

अध्याय ४

सरल रेखा—उच्च घात समीकरण

४.१ उदाहरण १—निधि $य^२ - ७ य + १२ = ०$ का आलेखन करो।

निर्दिष्ट समीकरण $(य - ३) (य - ४) = ०$
है। अर्थात् वह इन दोनों समीकरणों

$$य = ३ \quad \text{और} \quad य = ४$$

के तुल्य है।

परन्तु ये ऐसी दो सरल रेखाओं को निरूपित करते हैं जो राक्ष के ‖ हैं। यदि पहिली रेखा पर कोई बिन्दु लिया जाय तो उसके भुजयुग्म पहिले समीकरण को सन्तुष्ट करेंगे, अतएव निर्दिष्ट समीकरण को भी सन्तुष्ट करेंगे।

इसी प्रकार दूसरी रेखा के किसी बिन्दु के भुजयुग्म भी निर्दिष्ट समीकरण को सन्तुष्ट करेंगे।

अतः दोनों रेखाओं में से किसी पर यदि कोई बिन्दु लिया जाय तो उसके भुजयुग्म निर्दिष्ट समीकरण को सन्तुष्ट करेंगे।

अतएव निर्दिष्ट समीकरण इन दोनों सरल रेखाओं को निरूपित करता है।

उदाहरण २—निधि $य र + २ य - ५ र - १० = ०$ का आलेखन करो।

निर्दिष्ट समीकरण $(य - ५) (र + २) = ०$

अर्थात् $\quad$ य = ५ और र = −२

के तुल्य है, अतः दो सरल रेखाओं को निरूपित करता है जिनमें से एक राक्ष के और दूसरी याक्ष के ∥ है।

उदाहरण ३—निधि $२ य^२ + य र − ३ र^२ − ५ य − १० र − ३ = ०$ का आलेखन करो।

निर्दिष्ट समीकरण $(य − र − ३)(२य + ३ र + १) = ०$

के तुल्य है, अतः दो सरल रेखाओं

$$य − र − ३ = ०$$

और $\quad २ य + ३ र + २ = ०$

को निरूपित करता है।

प्रश्नावली २३

निम्नलिखित निधियों का आलेखन करो।

(१) $य^२ + य र − ३ र^२ = ०.$ $\quad$ (२) $२ य^२ − ५ य र = ०.$

(३) $य र − र^२ + ३ य − २ र + ३ = ०.$ (४) $य र = ०.$

(५) $य^२ = र^२$। (६) $य^२ − ३ य र + ८ य + २ र − १० र^२ + १२ = ०.$

(७) $३ य^३ + २ य^२ + ३ य − १ = ०.$

(८) $३ य^३ − य^२ र − ७ य र^२ − ६ र^३ = ०.$

४.२ समघाती द्विघात समीकरण—

$$क य^२ + २ज य र + ख र^२ = ०. \qquad (१)$$

क से गुणा करने से हमें हस्तगत है

$$(क^२ य^२ + २क ज य र + ज^२ र^२) − (ज^२ − क ख) र^२ = ०,$$

अर्थात् $\{क\ य + ज\ र + \sqrt{ज^2 - क\ ख}\ र\}\ \{क\ य + ज\ र - \sqrt{ज^2 - क\ ख}\ र\} = ०$

अतः, समीकरण (१) इन दो सरल रेखाओं

$$क\ य + (ज + \sqrt{ज^2 - क\ ख})\ र = ०, \qquad (२)$$

$$और\ क\ य + (ज - \sqrt{ज^2 - क\ ख})\ र = ० \qquad (३)$$

को निरूपित करता है।

यह सरल रेखायें वास्तविक और भिन्न होंगी यदि $ज^2 > क\ ख$, वास्तविक और अभिन्न होंगी यदि $ज^2 = क\ ख$ और काल्पनिक होंगी, यदि $ज^2 < क\ ख$।

अन्तिम स्थिति में रेखायें काल्पनिक हैं परन्तु एक वास्तविक बिन्दु—मूलबिन्दु—में से गुज़रती हैं क्योंकि भुजयुग्म (०, ०) उनके समीकरण को सन्तुष्ट करते हैं।

४.३ सरल रेखाओं $क\ य^2 + २ज\ य\ र + ख\ र^2 = ०$ (१) का मध्यस्थ कोण।

मान लो कि सरल रेखाओं के पृथक् २ समीकरण

$$र - त_1\ य = ०\ और\ र - त_2\ य = ० \qquad (२)$$

हैं। तो समीकरण

$$(र - त_1\ य)\ (र - त_2\ य) = ०$$

$$अर्थात्,\quad त_1\ त_2\ य^2 - (त_1 + त_2)\ य\ र + र^2 = ० \qquad (३)$$

समीकरण (१) के तुल्य होगा।

अतः, गुणकों की तुलना से

$$\frac{त_1 त_2}{क} = -\frac{त_1 + त_2}{२ज} = \frac{१}{ख} ।$$

$$\therefore त_1 + त_2 = -\frac{२ज}{ख} \text{ और } त_1 त_2 = \frac{क}{ख} ।$$

यदि सरल रेखाओं (२) का मध्यस्थ कोण त्ज है तो

$$\text{स्पज्या } त्ज = \frac{त_1 - त_2}{१ + त_1 त_2} = \frac{\sqrt{(त_1 + त_2)^2 - ४ त_1 त_2}}{१ + त_1 त_2}$$

$$= \frac{\sqrt{\frac{४ ज^2}{ख^2} - \frac{४क}{ख}}}{१ + \frac{क}{ख}} = \frac{२\sqrt{ज^2 - क ख}}{क + ख} । \qquad (४)$$

उदाहरण—सरल रेखाओं

$$(२\sqrt{१७} - ६) य^2 + ६ य र + २ र^2 = ०$$

का मध्यस्थ कोण ज्ञात करो।

यदि मध्यस्थ कोण त्ज है तो

$$\text{स्पज्या } त्ज = \frac{२\sqrt{९ - २(२\sqrt{१७} - ६)}}{(२\sqrt{१७} - ६) + २} = \frac{२\sqrt{२१ - ४\sqrt{१७}}}{२\sqrt{१७} - ४}$$

$$= \frac{२(\sqrt{१७} - २)}{२\sqrt{१७} - ४} = १$$

$\therefore$ ज $= \frac{\pi}{४}$.

४.४ लाम्बिकत्ता की अवस्था—समीकरण (४) से स्पष्ट है कि यदि

$$क + ख = ०$$

तो सरल रेखायें परस्पर ⊥ होंगी।

अतः दो सरल रेखायें जिनको एक समीकरण निरूपित करता हो, परस्पर लम्ब होंगी यदि $य^२$ और $र^२$ के गुणकों का बीजगणितीय योग शून्य हो।

उदाहरणतः ये दोनों समीकरण

$$४य^२ - ७ य र - ४ र^२ = ० \text{ और } य^२ - र^२ = ०$$

ऐसी सरल रेखाओं के जोड़े को निरूपित करते हैं जो परस्पर ⊥ हैं।

समीकरण $य^२ + २ ज य र - र^२ = ०$ दो परस्पर ⊥ सरल रेखाओं को ही निरूपित करेगा चाहे ज का मान कुछ भी हो।

४.५ अभिन्नता की अवस्था—यदि $ज^२ = क ख$ तो (४) से स्पष्ट है कि सरल रेखाओं का मध्यस्थ कोण ०. होगा और चूँकि दोनों सरल रेखायें मूलबिन्दु में से गुज़रती हैं, अतः एकांगी होंगी।

यह बात मौलिक समकीरण से भी स्पष्ट है।

यदि $ज^२ = क ख$ तो समीकरण (१) का तुल्य रूप

$$क य^२ + २ \sqrt{क ख} य र + ख र^२ = ०,$$

अर्थात् $(\sqrt{क}\ य + \sqrt{ख}\ र)^2 = ०$

होगा। प्रत्यक्ष है कि यह समीकरण दो एकांगी सरल रेखाओं को निरूपित करता है।

प्रश्नावली २४

निम्नलिखित सरल रेखाओं का मध्यस्थ कोण ज्ञात करो :—

(१) $६\ य^2 + १२ य\ र + र^2 = ०$.

(२) $५\ य^2 + ११\ य\ र - ५\ र^2 = ०$.

(३) $य^2 - र^2 - ३\ य + र + २ = ०$. (का० हि० वि० १९३६)

(४) $य^2 - ३\ य\ र + २\ र^2 + ३\ य - ४\ र + २ = ०$.

(का० हि० वि० १९३९)

(५) सिद्ध करो कि सरल रेखाओं

$(य^2 + र^2)\ (कोज्या^2 द\ ज्या^2 अ + ज्या^2 द) = (य\ स्पज्या\ अ - र\ ज्या\ द)^2$

का मध्यस्थ कोण २ अ है।

(का० हि० वि० १९४०)

(६) सिद्ध करो कि समीकरण

$य^2 + २\sqrt{३}\ य\ र + ३\ र^2 - ३\ य - ३\sqrt{३}\ र - ४ = ०$

दो समानान्तर सरल रेखाओं को निरूपित करता है और उनके बीच की दूरी ज्ञात करो। (इ० बो० १९३९)

(७) सिद्ध करो कि बिन्दु (प, फ) से सरल रेखाओं

$क\ य^2 + २\ ज\ य\ र + ख\ र^2 = ०$

पर डाले गये लम्बों का गुणनफल

$$\frac{क\,प^2 + २\,ज\,प\,फ + ख\,फ^2}{\sqrt{(क-ख)^2 + ४\,ज^2}}$$

है। (इ० बो० १९४०)

४. ६ सरल रेखाओं

$$क\,य^2 + २\,ज\,य\,र + ख\,र^2 = ० \qquad (१)$$

के मध्यस्थ कोणों के अर्धक।

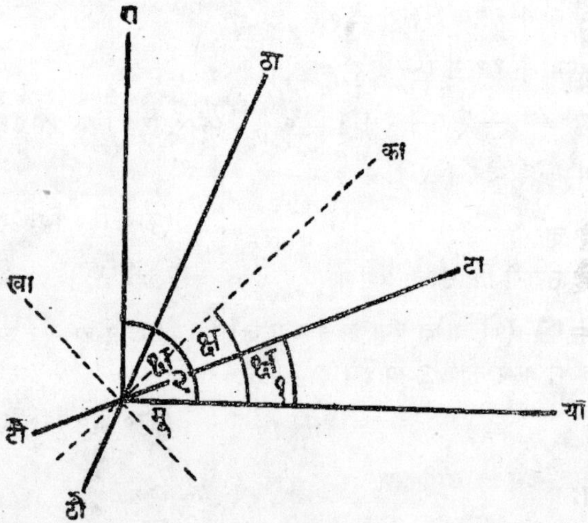

चित्र ४०

मान लो कि टा मू टो और ठा मू ठो निर्दिष्ट सरल रेखायें हैं जो याक्ष से क्रमशः क्ष_1, क्ष_2 कोण बनाती हैं।

अतः (१) समीकरण

$(र - य \text{ स्पज्या } \theta_1)(र - य \text{ स्पज्या } \theta_2) = ०$

के तुल्य हुआ।

गुणकों की तुलना से,

$$\text{स्पज्या } \theta_1 + \text{स्पज्या } \theta_2 = -\frac{२ज}{ख},$$

$$\text{स्पज्या } \theta_1 \text{ स्पज्या } \theta_2 = \frac{क}{ख}$$

मान लो कि मू का, मू खा दोनों अर्धक हैं और

$\angle$का मू या$= \theta$।

अब $\angle$का मू टा$= \angle$का मू ठा

अर्थात् $\theta - \theta_1 = \theta_2 - \theta$।

अतः $२\theta = \theta_1 + \theta_2$।

$\therefore$ स्पज्या २θ = स्पज्या $(\theta_1 + \theta_2)$। (२)

यदि θ वह कोण है जो दूसरा अर्धक मू खा याθ से बनाता है तो

$\theta = ९०° + \frac{१}{२}(\theta_1 + \theta_2)$।

$$\therefore \text{स्पज्या } २\theta = \text{स्पज्या } (१८०° + \theta_1 + \theta_2)$$
$$= \text{स्पज्या } (\theta_1 + \theta_2)$$

अतः दोनों स्थितियों में समीकरण (२) सत्य रहेगा।

अब, (२) से, स्पज्या $२\theta = \frac{\text{स्पज्या } \theta_1 + \text{स्पज्या } \theta_2}{१ - \text{स्पज्या } \theta_1 \text{ स्पज्या } \theta_2}$

$$= \frac{-\frac{२ज}{ख}}{१ - \frac{क}{ख}} = \frac{२ज}{क - ख}।$$

परन्तु, यदि मू का अथवा मू खा के किसी बिन्दु के भुजयुग्म (य, र) हैं तो

$$\text{स्पज्या च} = \frac{\text{र}}{\text{य}} \text{।}$$

$$\text{अतः} \quad \frac{\text{२ ज}}{\text{क} - \text{ख}} = \text{स्पज्या २ क्ष} = \frac{\text{२ स्पज्या च}}{\text{१} - \text{स्पज्या}^{२}\,\text{च}}$$

$$= \frac{\frac{\text{२ र}}{\text{य}}}{\text{१} - \frac{\text{र}^{२}}{\text{य}^{२}}} = \frac{\text{२ य र}}{\text{य}^{२} - \text{र}^{२}} \text{।}$$

अतएव अर्धकों का समीकरण

$$\frac{\text{य}^{२} - \text{र}^{२}}{\text{क} - \text{ख}} = \frac{\text{य र}}{\text{ज}}$$

हुआ ।

इस समीकरण को इस रूप

$$\text{ज य}^{२} - (\text{क} - \text{य})\,\text{य र} - \text{ज}^{२} = \text{०}$$

में रखने से स्पष्ट है कि अर्धक परस्पर ⊥ हैं ।

प्रश्नावली २८

निम्नलिखित सरल रेखाओं के मध्यस्थ कोणों के अर्धकों के समीकरण ज्ञात करो ।

(१) $\text{५ य}^{२} - \text{४ य र} + \text{र}^{२} = \text{०}$.

(२) $\text{३ य}^{२} + \text{२ य र} + \text{७ र}^{२} = \text{०}$.

(३) $४ य^२ - ९ र^२ = ०.$

(४) $र^२ + य र - २ य^२ = ०.$

(५) $क य^२ + २ ज य र + कं र^२ = ०.$

(६) सिद्ध करो कि सरल रेखाओं

$$क^२ य^२ + २ ज (क + ख) य र + ख^२ र^२ = ०$$

और $$क^२ य^२ + २ ज य र + ख^२ र^२ = ०$$

के अर्धक अभिन्न हैं। (इ. बो. १९३७)

(७) अर्धकों का समीकरण उनके इस गुण की सहायता से निकालो कि यदि उनमें से किसी एक पर कोई बिन्दु लिया जाय तो उस बिन्दु से दोनों सरल रेखाओं पर डाले गये लम्ब समान होंगे।

(८) सिद्ध करो कि सरल रेखायें

$$क^२ य^२ + २ ज य र + ख^२ र^२ + ग (य^२ + र^२) = ०$$

सरल रेखाओं $क^२ य^२ + २ ज य र + ख^२ र^२ = ०$
से समान कोण बनाती हैं।

(९) यदि सरल रेखाओं के जोड़े

$$य^२ - २ प य र - र^२ = ० \text{ और } य^२ - २ फ य र - र^२ = ०$$

ऐसे हैं कि प्रत्येक जोड़ा दूसरे जोड़े के मध्यस्थ कोणों को अधियाता है तो सिद्ध करो कि $प फ = -१.$

४.७ उदाहरण १—ज्ञात करो कि किस अवस्था में सरल रेखाओं

$$क य^२ + २ज य र + ख र^२ = ० \qquad (१)$$

में से एक, सरल रेखाओं

$$कि\ य^2 + २\ जि\ य\ र + खि\ र^2 = ० \qquad (२)$$

में से एक से एकांगी होगी।

मान लो कि उभयनिष्ठ सरल रेखा का समीकरण

$$र = त\ य$$

है।

तो र का मान त य दोनों समीकरणों (१) और (२) को सन्तुष्ट करेगा।

$$\therefore क\ त^2 + २ज\ त + ख = ०$$

और $कि\ त^2 + २\ जि\ त + खि = ०.$

इन दोनों समीकरणों को हल करने से

$$\frac{त^2}{२(ज\ खि - ख\ जि)} = \frac{त}{ख\ कि - क\ खि} = \frac{१}{२(क\ जि - ज\ कि)}\ ।$$

$$\therefore (ख\ कि - क\ खि)^2 = ४(क\ जि - ज\ कि)\ (ज\ खि - ख\ जि)\ ।$$

उदाहरण २—ज्ञात करो कि किस अवस्था में सरल रेखाओं

$$क\ य^3 + ख\ य^2\ र + ग\ य\ र^2 + घ\ र^3 = ० \qquad (१)$$

में से दो परस्पर लम्ब होंगी।

यदि तीनों सरल रेखाओं के पृथक २ समीकरण

$र - त_1\ य = ०$, $र - त_2\ य = ०$ और $र - त_3\ य = ०$

हैं तो (१) समीकरण

$$(र - त_1\ य)\ (र - त_2\ य)\ (र - त_3\ य) = ०$$

के तुल्य है।

अतः, गुणकों की तुलना से

$$त_१+त_२+त_३ = -\frac{ग}{घ}, \qquad (२)$$

$$त_२ त_३+त_३ त_१+त_१ त_२=\frac{ख}{घ}, \qquad (३)$$

$$त_१ त_२ त_३ = -\frac{क}{घ}। \qquad (४)$$

यदि अन्तिम दो सरल रेखायें परस्पर लम्ब हैं तो

$$त_२ त_३=-१. \qquad (५)$$

(४) और (५) से हमें हस्तगत है

$$त_१ = \frac{क}{घ}।$$

अतः (२) से $त_२+त_३=-\frac{ग}{घ}-\frac{क}{घ}=-\frac{क+ग}{घ}।$

$$\therefore (३) \text{ से } -१+\frac{क}{घ}\left(-\frac{क+ग}{घ}\right)=\frac{ख}{घ}$$

अर्थात् $क^२+क\,ग+ख\,घ+घ^२=०.$

यही अभीष्ट अवस्था है।

प्रश्नावली २६

(१) ज्ञात करो कि किस अवस्था में सरल रेखाओं

$$क\ य^2 + 2\ ज\ य\ र + ख\ र^2 = 0 \quad (अ)$$

में से एक, सरल रेखाओं

$$कि\ य^2 + 2जि\ य\ र + खि\ र^2 = 0 \quad (आ)$$

में से एक पर लम्ब होगी।

(२) सिद्ध करो कि सरल रेखायें

$$ख\ य^2 - 2ज\ य\ र + क\ य^2 = 0$$

सरल रेखाओं

$$क\ य^2 + 2ज\ य\ र + ख\ र^2 = 0$$

पर क्रमशः लम्ब हैं।

(३) यदि (अ) में से एक सरल रेखा (आ) की एक सरल रेखा से एकांगी है और (अ) की दूसरी सरल रेखा (आ) की दूसरी सरल रेखा पर लम्ब है तो सिद्ध करो कि

$$\frac{ज\ कि\ ख}{खि - कि} = \frac{जि\ क\ ख}{ख - क} = \frac{1}{2}\sqrt{-क\ ख\ कि\ खि}\ ।$$

(४) सिद्ध करो कि तीनों सरल रेखायें

$$(य^2 - 3र^2)\ य = त\ र(र^2 - 3य^2)$$

एक दूसरे से समान कोण बनाती हैं।

(५) सिद्ध करो कि सरल रेखायें $क\ य + ख\ र + ग = 0$ और $(क\ य + ख\ र)^2 - 3(ख\ य - क\ र)^2 = 0$ एक सम $\triangle$ बनाती हैं।

(६) सिद्ध करो कि सरल रेखाओं (अ) और $ट\ य + ठ\ र + ड = 0$ से बने $\triangle$ का क्षेत्रफल

$$\frac{\text{ड}^2\sqrt{\text{ज}^2-\text{क ख}}}{\text{क ठ}^2-2\text{ज ट ठ}+\text{ख ट}^2}$$

है।

(७) सिद्ध करो कि यदि सरल रेखाओं (अ) और ट य + ठ र = १ से बने △ का लाम्बिक केन्द्र बिन्दु (यं, रं) है तो

$$\frac{\text{यं}}{\text{ट}}=\frac{\text{रं}}{\text{ठ}}=\frac{\text{क}+\text{ख}}{\text{क ठ}^2-2\text{ज ट ठ}+\text{ख ट}^2}\text{।}$$

व्यापक द्विघात समीकरण

४.८ द्वितीय घात का सबसे व्यापक समीकरण

$$\text{क य}^2+2\text{ज य र}+\text{ख र}^2+2\text{छ य}+2\text{च र}+\text{ग}=0 \quad \text{(कं)}$$

है। प्रकट रूप से इसमें छः अचल हैं परन्तु वास्तव में ५ ही हैं क्योंकि हम किसी भी अचल से सारे समीकरण को विभाजित कर सकते हैं।

यह समीकरण किसी न किसी वक्र को निरूपित करेगा। परन्तु कुछ स्थितियों में यह दो सरल रेखाओं को निरूपित करेगा। इस प्रकरण में उन्हीं स्थितियों को ज्ञात करना है।

स्पष्ट है कि यदि (कं) के वाम पक्ष को हम दो खण्डों में तोड़ सकें तो यह समीकरण दो सरल रेखाओं को निरूपित करेगा।

यदि क शून्य नहीं है तो (कं) को क से गुणा करके इस रूप

$$\text{क}^2\text{य}^2+2\text{क य (ज र}+\text{छ)}=-\text{क ख र}^2-2\text{क च र}-\text{क ग}$$

में रक्खो। वाम पक्ष में वर्ग को पूर्ण करने से हमें हस्तगत है

$$\text{क}^2\text{य}^2+2\text{क य (ज र}+\text{छ)}+\text{(ज र}+\text{छ)}^2$$

$$=\text{र}^2\text{(ज}^2-\text{क ख)}+2\text{र (छ ज}-\text{क च)}+\text{छ}^2-\text{क ग,}$$

अर्थात् $\quad$ क य+ज र+छ

$$=\pm\sqrt{र^2(ज^2-क ख)+२ र(छ ज-क च)+छ^2-क ग}\text{।} \quad (खं)$$

(खं) के दो एकघात खण्ड तभी हो सकते हैं जब करणी चिह्न का अन्तर्गत व्यञ्जक पूर्ण वर्ग हो और इसके लिये शर्त

$$(छ ज-क च)^2=(ज^2-क ख)(छ^2-क ग) \quad (अः)$$

है। सरलन मे हमारी इच्छित स्थिति

$$क ख ग+२ च छ ज-क च^2-ख छ^2-ग ज^2=० \quad (गं)$$

हो गई। इसको हम सारणिक के रूप में इस प्रकार

$$\begin{vmatrix} क & ज & छ \\ ज & ख & च \\ छ & च & ग \end{vmatrix}=० \quad (घं)$$

भी लिख सकते हैं। संक्षेप में इसे इस रूप में

$$\triangle=०$$

भी लिखते हैं। $\triangle$ सदैव (घं) के सारणिक के लिये लिखा जायगा जब तक प्रसंग में इसके विरुद्ध कुछ न दिया हो। (गं) के वाम पक्ष को समीकरण का विवेचक कहते हैं

उपफल—यदि क शून्य है तो व्यापक समीकरण दो सरल रेखायें निरूपित करेगा यदि

$$२ च छ ज-ख छ^2-ग ज^2=०.$$

उदाहरण—सिद्ध करो कि समीकरण

$$२ य^2+य र-६ र^2+७ र-२=०$$

दो सरल रेखाओं को निरूपित करता है और उनके समीकरण पृथक् २ निकालो।

निर्दिष्ट समीकरण

$$२\text{य}^२ + \text{य}\,\text{र} = ६\,\text{र}^२ - ७\,\text{र} + २,$$

अर्थात् $४\,\text{य}^२ + २\,\text{य}\,\text{र} + \frac{१}{४}\text{र}^२ = \frac{४९}{४}\text{र}^२ - १४\,\text{र} + ४$

अर्थात् $(२\,\text{य} + \frac{१}{२}\text{र})^२ = (\frac{७}{२}\text{र} - २)^२$

है।

अतः हमारी सरल रेखायें

$$२\,\text{य} + \frac{१}{२}\text{र} = \pm\left(\frac{७}{२}\text{र} - २\right)$$

अर्थात् $२\,\text{य} - ३\,\text{र} + २ = ०$ और $\text{य} + २\,\text{र} - १ = ०$

हुई।

प्रश्नावली २७

सिद्ध करो कि निम्नलिखित समीकरण दो सरल रेखाओं को निरूपित करते हैं और उनके समीकरण पृथक् २ निकालोः—

(१) $२\text{य}^२ - ५\text{य}\text{र} + ३\,\text{र}^२ + \text{य} - \text{र} = ०.$

(२) $२\text{य}^२ + २\text{य}\,\text{र} - ५\text{र}^२ - ५\text{य} - ६\text{र} + २ = ०.$

(३) $१२\text{य}^२ - ७\text{य}\,\text{र} - १२\text{र}^२ + १६\text{य} - १७\text{र} + ५ = ०.$

निम्नलिखित समीकरण दो सरल रेखाओंको निरूपित करते हैं। ण का मान बताओ।

(४) $२\text{य}^२ + \text{य}\text{र} - \text{र}^२ + \text{ण}\text{र} - २ = ०.$

(५) $३य^२ + ११ य र - २०र^२ + ७य + ३र + २ = ०$.

(६) यदि समीकरण $क य^२ + ख य र + ग य + घ र = ०$ दो सरल रेखाओं को निरूपित करता है तो इसके गुणकों में परस्पर क्या सम्बन्ध होगा ?

(७) मूलबिन्दु में से दो सरल रेखायें खींची गई हैं जो सरल रेखा $य + र = ०$ से $\angle$ अ बनाती हैं। सिद्ध करो कि उनका समीकरण

$$य^२ + २ \; य \; र \; \text{व्युकोज्या} \; अ + र^२ = ०$$

है।

(८) मान लो कि दो सरल रेखाओं के समीकरण $ट य + ठ र + ड = ०$ और $टि य + ठि र + डि = ०$ हैं, और इनकी सहायता से शर्त (गं) निकालो।

४.६ यदि शर्त (गं) पूरी हो जाय तो सरल रेखाओं के पृथक् २ समीकरण

$$क \; य + ज \; र + छ = \pm \left(\sqrt{ज^२ - क \; ख} \; र + \sqrt{छ^२ - क \; ग} \right),$$

$$\text{अर्थात्} \; क \; य + (ज + \sqrt{ज^२ - क \; ख}) र + छ + \sqrt{छ^२ - क \; ग} = ० \quad (\text{चं})$$

$$\text{और} \; क \; य + (ज - \sqrt{ज^२ - क \; ख}) र + छ - \sqrt{छ^२ - क \; ग} = ० \quad (\text{छं})$$

होंगे।

यदि $ज^२ > क \; ख$ और $छ^२ > क \; ग$

तो सरल रेखायें वास्तविक और भिन्न होंगी।

यदि $ज^२ = क \; ख$ और $छ^२ = क \; ग$

तो सरल रेखायें वास्तविक और एकांगी होंगी।

(अः) से स्पष्ट है कि ऐसी स्थिति में छ ज = क च।
(गं) से अब यह भी सरलता से सिद्ध हो सकता है कि $च^2 = ख\ ग$।

यदि हम तीनों शर्तों

$च^2 = ख\ ग,\ छ^2 = क\ ग$ और $ज^2 = क\ ख$

का प्रयोग करें तो (कं) का तुल्य रूप $(क\ य + ज\ र + छ)^2$ हो जायगा।

यदि $ज^2 < क\ ख$ अथवा $छ^2 < क\ ग$

तो दोनों सरल रेखायें काल्पनिक होंगी।

४.१० सरल रेखाओं का कटान बिन्दु—समीकरणों (चं) और (छं) को हल करने से हमें हस्तगत है

$$य = \frac{ख\ छ - च\ ज}{ज^2 - क\ ख},\quad र = \frac{क\ च - छ\ ज}{ज^2 - क\ ख}। \qquad (ज)$$

अतः सरल रेखाओं के कटान बिन्दु के भुजयुग्म यही हुये।

यदि $ज^2 = क\ ख$ तो कटान बिन्दु अनन्ती पर होगा। अतः यही शर्त है सरल रेखाओं के ॥ होने की।

हमने पिछले प्रकरण में देखा है कि यदि $ज^2 < क\ ख$ तो सरल रेखायें काल्पनिक होंगी। परन्तु यह आवश्यक नहीं है कि उनका कटान बिन्दु भी काल्पनिक हो। उदाहरणतः समीकरण

$$य^2 + य\,र + र^2 = ० \qquad (\text{टं})$$

समघाती है, अतः मूलबिन्दु के मध्येन जानेवाली दो सरल रेखाओं को निरूपित करता है। इसको हल करने से हमें हस्तगत है।

$$य = \frac{-र \pm र\sqrt{-३}}{२}.$$

अतः दोनों सरल रेखाओं के पृथक् २ समीकरण

$$य = \frac{-१ + \sqrt{३}\,ए}{२} \text{ और } य = \frac{-१ + \sqrt{३}\,ए}{२}$$

हुये जिसमें हमने $\sqrt{-१}$ के स्थान पर ए रक्खा है।

यह दोनों सरल रेखायें काल्पनिक हैं परन्तु दोनों मूलबिन्दु में से गुज़रती हैं। अतः यह उदाहरण है दो काल्पनिक सरल रेखाओं का जो एक वास्तविक बिन्दु में से होकर जाती हैं।

हम समीकरण (टं) को इस प्रकार

$$(य + \tfrac{१}{२}र)^2 + \left(\frac{\sqrt{३}}{२}र\right)^2 = ० \qquad (\text{ठं})$$

लिख सकते हैं।

यदि य और र के मान वास्तविक हैं तो (ठं) के बाम पक्ष में दोनों वर्गों का योग शून्य नहीं हो सकता जब तक कि दोनों पृथक् २ शून्य न हों। अतः

$$य + \frac{1}{2} र = ० \quad और \quad \frac{\sqrt{3}}{2} र = ०$$

अर्थात् $\quad य = ०, र = ०$

अतः वास्तविक क्षेत्र में समीकरण (टं) केवल बिन्दु (०, ०) को ही निरूपित करता है।

उदाहरण—निम्नलिखित समीकरणों की निधियाँ ज्ञात करो :

(१) $र^2 + ९ = ०$

(२) $(य - र + २)^2 + (२ य + ३ र - १)^2 = ०$

(१) वास्तविक क्षेत्र में यह समीकरण असम्भव है।

परन्तु संकर क्षेत्र में निधि दो सरल रेखायें

$$(र + ३ ए)\ (र - ३ ए)$$

हैं, जिसमें $ए = \sqrt{-१}$.

यह दोनों सरल रेखायें यात्त के ॥ हैं परन्तु न हम इनको ख सकते हैं न खींच सकते हैं।

(२) वास्तविक क्षेत्र में दोनों समीकरण

$$य - र + २ = ०$$

और $२ य + ३ र - १ = ०$

एक साथ सत्य होने चाहिये।

इनको हल करने से $य = -५, र = -३$.

अतः निर्दिष्ट समीकरण केवल बिन्दु (−५−३) को निरूपित करता है।

परन्तु हम समीकरण को यह रूप

$$\{य-र+२+ए\,(२\,य+३\,र-१)\}$$

$$\{य-र+२-ए\,(२\,य+३\,र-१)\}=०$$

दे सकते हैं। यह दो काल्पनिक सरल रेखायें हैं जो बिन्दु (−५, −३) में से गुज़रती हैं।

प्रश्नावली २८

निम्नलिखित समीकरणों की निधियाँ ज्ञात करो:—

(१) $य^२+र^२=०$ (२) $(य+२)^२+(र-५)^२=०$

(३) $य^३-य^२र+यर^२=०$ (४) $(य+र)^२+(य-र)^२=०$

(५) $य\,(य^२+र^२-क^२)=०$

(६) $(य-र+१)^२+(र-३\,य)^२=०$

(७) $(य^२+र^२+४)\,(य\,र-३)=०$

(८) $२\,य^२-२\,ए\,य\,र-य+ए\,र=०$

४.११ मान लो कि सरल रेखाओं के पृथक् २ समीकरण

$$र-त_१\,य-द_१=० \text{ और } र-त_२\,य-द_२=०$$

हैं। तो समीकरण

$$(त_१\,य-र+द_१)\,(त_२\,य-र-द_२)=०$$

(क) का तुल्य रूप हुआ।

अत:, गुणकों की तुलना से

$$त_१ + त_२ = - \frac{२ज}{ख},$$

$$त_१ \; त_२ = \frac{क}{ख},$$

$$द_१ + द_२ = - \frac{२च}{ख}, \; द_१ \; द_२ = \frac{ग}{ख},$$

$$त_१ \; द_२ + त_२ \; द_१ = \frac{२छ}{ख} ।$$

अब, यदि सरल रेखाओं का मध्यस्थ कोण ञ है तो

$$स्पज्या \; ञ = \pm \frac{त_१ - त_२}{१ + त_१ \, त_२}$$

$$= \pm \frac{\sqrt{(त_१ + त_२)^२ - ४ \, त_१ \; त_२}}{१ + त_१ \, त_२} = \pm \frac{\sqrt{ज^२ - क \, ख}}{क + ख} । \quad (झं)$$

अत: सरल रेखायें परस्पर लम्ब होंगी यदि $क + ख = ०$.

ऊपर लिखे समीकरणों से स्पष्ट है कि $त_१$ और $त_२$ केवल क, ख और ज पर ही निर्भर हैं। अत: यदि दो सरल रेखाओं के जोड़ों के समीकरणों में द्विघात पद अभिन्न हैं तो एक जोड़े की सरल रेखायें क्रमश: दूसरे जोड़े की सरल रेखाओं के समानान्तर

होंगी। इसीलिये सरल रेखाओं का मध्यस्थ कोण (झ) में वही निकला है जो सरल रेखाओं क $य^2$ + २ ज य र + ख $र^2$ = ० का मध्यस्थ कोण है।

विलोमतः, यदि किसी बिन्दु में से सरल रेखाओं (कं) के ॥ दो सरल रेखायें खींची जायँ तो उनके समीकरण में द्विघात पद वही होंगे जो (कं) में हैं।

अब, यदि मूलबिन्दु में से दो सरल रेखायें खींची जाय तो उनका समीकरण द्विघात समघाती होगा। अतः, जो दो सरल रेखायें मूलबिन्दु में से गुजरती हैं और क्रमशः (कं) के समानान्तर हैं उनका समीकरण

$$क\,य^2 + २\,ज\,य\,र + ख\,र^2 = ०$$

होगा।

४. १२ सारांश

अवस्था	फल
$\triangle = ०$	दो सरल रेखायें
$\triangle = ०$, $ज^2 > क\,ख$ और $छ^2 > क\,ग$	दो वास्तविक भिन्न सरल रेखायें
$\triangle = ०$ और $ज^2 = क\,ख$	दो वास्तविक ॥ सरल रेखायें
$\triangle = ०$ और $क + ख = ०$	दो वास्तविक ⊥ सरल रेखायें
$ज^2 = क\,ख$, $छ^2 = क\,ग$ और $च^2 = ख\,ग$	दो एकांगी सरल रेखायें

$\triangle = ०$ और $ज^२ < क\ ख$ अथवा $छ^२ < क\ ग$ } दो काल्पनिक सरल रेखायें

४. १३ उन सरल रेखाओं का समीकरण ज्ञात करो जो बिन्दु (२, ३) में से गुजरें और सरल रेखाओं

$$२\ य^२ - ५\ य\ र - ३\ र^२ + ३\ य + ५\ र - २ = ०$$

के क्रमशः समानान्तर हों।

मान लो कि सरल रेखाओं के समीकरण क्रमशः

$$र - ३ = त_१\ (य - २) \qquad (क:)$$

और $$र - ३ = त_२\ (य - २) \qquad (ख:)$$

हैं। तो इन रेखाओं का समीकरण

$$(त_१\ य - र + ३ - २\ त_१)\ (त_२\ य - र + ३ - २\ त_२) = ०$$

हुआ। इस समीकरण और निर्दिष्ट समीकरण में द्विघात पद अभिन्न होने चाहिये। अतः द्विघात पदों के गुणकों की तुलना से

$$\frac{त_१\ त_२}{२} = \frac{त_१ + त_२}{५} = -\frac{१}{३}.$$

हल करने से

$$त_१ = \frac{-५ \pm \sqrt{३७}}{६},$$

$$त_२ = \frac{-५ \mp \sqrt{३७}}{६}$$

अतः (कः) और (खः) में यह मान स्थानापतित करने से सरल रेखाओं के समीकरण ज्ञात हो जायेंगे।

प्रश्नावली २९

उन सरल रेखाओं के समीकरण ज्ञात करो जो

(१) मूलबिन्दु में से गुज़रती हैं और प्रश्नावली २७ (१) की सरल रेखाओं के क्रमशः समानान्तर हैं।

(२) मूलबिन्दु में से गुज़रती हैं और प्रश्नावली २७ (२) की सरल रेखाओं पर क्रमशः $\perp$ हैं।

(३) बिन्दु (१, २) में से गुज़रती हैं और प्रश्नावली २७ (३) की सरल रेखाओं के क्रमशः $\parallel$ हैं।

(४) बिन्दु (२, –१) में से गुज़रती हैं और उन्हीं सरल रेखाओं पर क्रमशः $\perp$ हैं

(५) प्रश्नावली २७ (१) की सरल रेखाओं के कटान बिन्दु में से गुज़रें और उन पर क्रमशः $\perp$ हों।

(६) समानान्तर सरल रेखाओं

$$४ य^२ - १२ य र + ९ र^२ + १४ य - २१ र + १० = ०$$

की मध्यस्थ दूरी बताओ।

(७) यदि व्यापक द्विघात समीकरण दो सरल रेखाओं को निरूपित करता है तो सिद्ध करो कि मूलबिन्दु से उनके कटान बिन्दु की दूरी का वर्ग

$$\frac{ग (क + ख) - च^२ - छ^२}{क ख - ज^२}$$

है।

(८) सिद्ध करो कि व्यापक द्विघात समीकरण दो समानान्तर सरल रेखायें निरूपित करेगा यदि

$$ज^2 = क\,ख \text{ और } ख\,छ^2 = क\,च^2 ।$$

(९) सिद्ध करो कि इन सरल रेखाओं की मध्यस्थ दूरी

$$2\sqrt{\frac{छ^2 - क\,ग}{क\,(क+ख)}}$$

है।

(१०) यदि व्यापक द्विघात समीकरण दो ऐसी सरल रेखाओं को निरूपित करता है जो मूलबिन्दु से समदूरस्थ हों तो सिद्ध करो कि

$$च^4 - छ^4 = ग\,(ख\,च^2 - क\,छ^2) ।$$

(११) यदि व्यापक द्विघात समीकरण दो सरल रेखाओं को निरूपित करता है तो सिद्ध करो कि जिन बिन्दुओं में यह रेखायें अक्षों को काटती हैं उनके मध्येन जानेवाली सरल रेखाओं के तीसरे जोड़े का समीकरण

$$क\,य^2 - 2\,ज\,य\,र + ख\,र^2 + 2\,छ\,य + 2\,च\,र + ग + \frac{4\,च\,छ}{ग}\,य\,र = 0$$

है।

(१२) यदि व्यापक द्विघात समीकरण दो सरल रेखाओं को निरूपित करता है तो सिद्ध करो कि उनके अर्धकों और याक्ष से बने △ का क्षेत्रफल

$$\frac{\sqrt{(क-ख)^2 + 4\,ज^2}}{2\,ज} \cdot \frac{ग\,क - छ^2}{क\,ख - ज^2}$$

होगा।

व्यापक समघात समीकरण

४.१४ स—घात का सबसे व्यापक समीकरण

$$र^{स} + प_१ र^{स-१} य + प_२ र^{स-२} य^{२} + प_३ र^{स-३} य^{३} + \cdots + प_{स-१} र य^{स-१} + प_{स} य^{स} = ०$$

है। समीकरण को $य^{स}$ से विभाजित करने से, हमें हस्तगत है।

$$\left(\frac{र}{य}\right)^{स} + प_१ \left(\frac{र}{य}\right)^{स-१} + प_२ \left(\frac{र}{य}\right)^{स-२} + \cdots + प_{स-१} \frac{र}{य} + प_{स} = ०$$

यह समीकरण स—घात का है, अतएव इसके स मूल होंगे। यदि यह मूल $त_१, त_२ \ldots त_{स}$ हों तो समीकरण का तुल्य रूप

$$\left(\frac{र}{य} - त_१\right)\left(\frac{र}{य} - त_२\right)\cdots\left(\frac{र}{य} - त_{स}\right) = ०$$

होगा।

अतः हमारा निर्दिष्ट समीकरण इन स सरल रेखाओं को निरूपित करता है

$$र = त_१ य, \quad र = त_२ य \ldots\ldots र = त_{स} य,$$

जो सबकी सब मूलबिन्दु में से गुज़रती हैं।

उदाहरण—समीकरण $२य^३ - य^२ र - ४ य र^२ + ३ र^३ = ०$ की निधि ज्ञात करो।

निर्दिष्ट समीकरण

$$(\text{य}-\text{र})^{२}(२\,\text{य}+३\,\text{र})=०$$

के तुल्य है, अतः तीन सरल रेखाओं

$$२\,\text{य}+३\,\text{र}=०,\quad \text{य}=\text{र},\quad \text{य}=\text{र}$$

को निरूपित करता है। यह तीनों रेखायें मूलबिन्दु में से गुज़रती हैं और इन में से दो एकांगी हैं।

४.१५ $$\text{ट}\,\text{य}+\text{ठ}\,\text{र}=\text{ड} \qquad (\text{कः})$$

एक सरल रेखा है और

$$\text{क}\,\text{य}^{२}+२\text{ज}\,\text{य}\,\text{र}+\text{ख}\,\text{र}^{२}+२\,\text{छ}\,\text{य}+२\,\text{च}\,\text{र}+\text{ग}=० \qquad (\text{खः})$$

एक निर्दिष्ट वक्र।

मूलबिन्दु के मध्येन जानेवाली उन सरल रेखाओं का समीकरण ज्ञात करना है जो (कः) और (खः) के कटान बिन्दुओं में से गुज़रती हैं।

मान लो कि (खः) की निधि वक्र पा फा बा है और (कः) की निधि सरल रेखा पा फा।

तो हमको सरल रेखाओं मू पा, मू फा का समीकरण ज्ञात करना है।

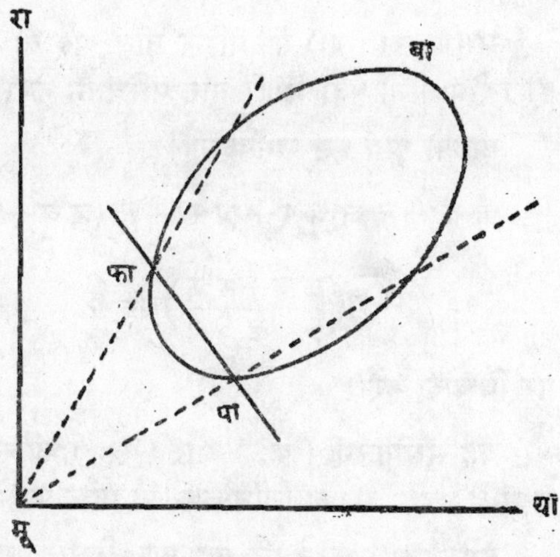

चित्र ४१

चूँकि यह दोनों सरल

रेखायें मूल बिन्दु के मध्येन जाती हैं, इसलिये इनका समीकरण द्विघात समघाती होगा।

अब (कः) रेखा पा फा के समस्त बिन्दुओं पर सत्य है।

और (खः) वक्र पा खा बा के समस्त बिन्दुओं पर सत्य है।

अतः (कः) और (खः) दोनों समीकरण बिन्दुओं पा और फा पर एक साथ सत्य हैं।

अब यदि हम (कः) और (खः) की सहायता से कोई तीसरा समीकरण बनायें तो उसकी निधि कोई ऐसा वक्र होगा जो बिन्दुओं पा और फा में से गुजरता हो।

अतः अब हमारी समस्या केवल इतनी रह गई कि (कः) और (खः) की सहायता से एक द्विघात समघाती समीकरण बनायें।

समीकरण (खः) में पहिले तीन पद तो द्वितीय घात के हैं ही। शेष तीनों पदों में ही घात परिवर्तन करना है।

आओ अब इस समीकरण

$$क\,य^2 + २\,ज\,य\,र + ख\,र^2 + २\,(छ\,य + च\,र)\frac{ट\,य + ठ\,र}{ड}$$

$$+ ग\left(\frac{ट\,य + ठ\,र}{ड}\right)^2 = ०$$

पर विचार करें।

यह समीकरण (कः) और (खः) की सहायता से बनाया गया है, अतः इसका निधि-वक्र पा और फा में से गुज़रेगा।

और प्रसार करने पर यह एक द्विघात समघाती समीकरण हो जायगा।

अतः यही सरल रेखाओं मू पा और मू फा का अभीष्ट समीकरण है।

उदाहरण १—उन सरल रेखाओं का समीकरण ज्ञात करो जो मूलबिन्दु को सरल रेखा

$$२\,य - ५\,र + ३ = ० \qquad (क)$$

और वक्र $य^{२} - २\,र^{२} + ३\,य + ४\,र + १ = ०$ (ख)

के कटान बिन्दुओं से मिलाती हैं।

(क) से

$$\frac{५\,र - २\,य}{३} = १.$$

अतः हमारा इच्छित समीकरण

$$य^{२} - २\,र^{२} + (३\,य + ४\,र)\frac{५\,र - य}{३} + \left(\frac{५\,र - २\,य}{२}\right)^{२} = ०$$

अर्थात् $५\,य^{२} - य\,र - ६\,७\,र^{२} = ०$

हुआ।

उदाहरण २—मूलबिन्दु को उन बिन्दुओं से जोड़ा गया है जिनमें सरल रेखा $र = त\,य + द$ वक्र $य^{२} + र^{२} = क^{२}$ काटती है।

सिद्ध करो कि यह संयोजक रेखायें परस्पर लम्ब होंगी यदि

$$२\,द^{२} = क^{२}\,(१ + त^{२})।$$

पिछले प्रकरण से संयोजक सरल रेखाओं का समीकरण

$$य^2 + र^2 = \left(\frac{र - त य}{द}\right)^2 क^2$$

अर्थात् $(द^2 - त^2 क^2) य^2 + २ क^2 त य र + र^2 (द^2 - क^2) = ०$ हुआ। यदि यह रेखायें $\perp$ हैं तो $य^2$ और $र^2$ के गुणकों का योग शून्य होगा।

$$\therefore २ द^2 - क^2 (त^2 + १) = ०.$$

प्रश्नावली ३०

उन सरल रेखाओं का समीकरण ज्ञात करो जो मूलबिन्दु को निम्न-लिखित के कटान बिन्दुओं से मिलाती हैं:—

(१) सरल रेखा $य + र + २ = ०$ और वक्र
$य^2 + य र + र^2 + य + ३ र + १ = ०.$
संयोजक रेखाओं के अर्धकों का समीकरण भी निकालो।
(इ० बो० १९३९)

(२) सरल रेखा $र = ३ य + २$ और वक्र
$य^2 + २ य र + ३ र^2 + ४ य + ८ र - ११ = ०$।
सिद्ध करो कि संयोजक सरल रेखाओं का मध्यस्थ कोण
स्पज्या $^{-१} \dfrac{२\sqrt{२}}{३}$ है। (इ० बो० १९३८)

(३) सरल रेखा $य = १$ और वक्र $य^2 + र^2 = १०.$
सिद्ध करो कि अभीष्ट सरल रेखायें अक्षों से समान कोण बनाती हैं।

(४) सरल रेखा $\frac{य}{कि} + \frac{र}{खि} = १$ और वक्र $\frac{य^२}{कि^२} + \frac{र^२}{खि^२} = १.$

सिद्ध करो कि संयोजक रेखायें ⊥ हैं।

(५) सरल रेखा $\frac{य}{क} + \frac{र}{ख} = २$ और वक्र $(य - क)^२ + (र - ख)^२ = त्रि^२$।

सिद्ध करो कि संयोजक रेखायें ⊥ होंगी यदि

$$क^२ + ख^२ = त्रि^२ ।$$

(६) सिद्ध करो कि सरल रेखा $ट य + ठ र = १$ का वह भाग जो वक्र $य^२ + र^२ = क^२$ में अन्तःखण्डित है, यदि मूलबिन्दु पर ४५° का कोण छेकता है तो

$$\{क^२ (ट^२ + ठ^२) - २\}^२ = ४ \{क^२ (ट^२ + ठ^२) - १\}.$$

(७) बिन्दु (१, ०) के मध्येन सरल रेखायें खींची गई हैं जो वक्र $२ य^२ + ५ र^२ = ७ य$ को काटती हैं। सिद्ध करो कि इन सरल रेखाओं का वक्र द्वारा अन्तःखण्डित भाग मूलबिन्दु पर एक समकोण छेकता है।

(इ. बो. १९४०)

(८) सिद्ध करो कि जो सरल रेखायें मूलबिन्दु को वक्रों

$$क य^२ + २ ज य र + ख र^२ + ३ छ य = ०$$

और $$कि य^२ + २ जि य र + खि र^२ + २ छि य = ०$$

के अन्य दोनों कटान बिन्दुओं से मिलाती हैं, ⊥ होंगी यदि

$$छि (क + ख) = छ (कि + खि) ।$$

अध्याय ५

वृत्त

५.१ एक वृत्त का समीकरण ज्ञात करना, केन्द्र मूलबिन्दु।

मान लो कि ⊙ का केन्द्र मू है और त्रिज्या क।

मान लो कि मू या, मू रा अक्ष हैं और पा वृत्त पर कोई बिन्दु है जिसके भुजयुग्म (य, र) हैं।

याक्ष पर पा पो ⊥ डालो और मू पा को जोड़ो।

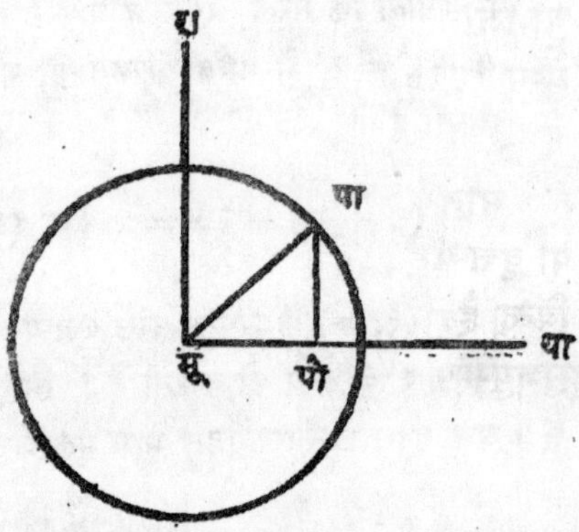

चित्र ४२

$\triangle$पा मू पो से $\quad$ मू पो^{2} + पा पो^{2} = मू पा^{2},

अर्थात् $\quad$ य^2 + र^2 = क^2 । $\quad$ (क:)

यही वृत्त का समीकरण है।

उदाहरण—उस वृत्त का समीकरण जिसका केन्द्र मूलबिन्दु है और त्रिज्या ३,

$$य^2 + र^2 = 9$$

है।

५.२ किसी वृत्त का समीकरण ज्ञात करना।

मान लो कि ⊙ की त्रिज्या क है और केन्द्र चा जिसके भुज-युग्म (त, थ) हैं।

मान लो कि पा वृत्त पर कोई बिन्दु है जिसके भुजयुग्म (य, र) हैं।

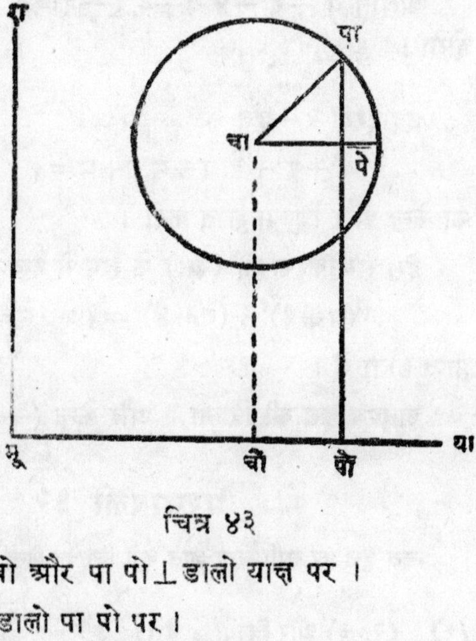

चित्र ४३

चा, पा से चा चो और पा पो ⊥ डालो याक्ष पर।

चा से चा पे ⊥ डालो पा पो पर।

अब चा पे = चो पो = भू पो − भू चो = य − त।

और पे पा = पो पा − पो पे = पो पा − चो चा = र − थ

अतः △पा चा पे से

$$\text{चा पे}^2 + \text{पे पा}^2 = \text{चा पा}^2,$$

अर्थात् $(य - त)^2 + (र - थ)^2 = क^2$। (ख)

उदाहरण १—जिस ⊙ का केन्द्र (२, −३) और त्रिज्या ४ है, उसका समीकरण

$$(य-२)^2+(र+३)^2=१६,$$

अर्थात् $य^2+र^2-४\,य+६\,र-३=०$

होगा।

उदाहरण २—वृत्त

$$य^2+र^2+२\,य-८\,र+८=०$$

का केन्द्र और त्रिज्या ज्ञात करो।

इस समीकरण को (ख:) के रूप में रखने से हमें

$$(य+१)^2+(र-४)^2=१७-८=९$$

प्राप्त होता है।

अतएव वृत्त की त्रिज्या ३ और केन्द्र (—१, ४) है।

प्रश्नावली ३१

उस वृत्त का समीकरण ज्ञात करो जिसका केन्द्र

(१) (२, ३) और त्रिज्या ४ है।

(२) (−४, ०) और त्रिज्या $\sqrt{१३}$ है।

(३) (क, ख) और त्रिज्या (क—ख) है।

(४) (०, ०) और त्रिज्या $\sqrt{प^2+फ^2}$ है।

निम्नलिखित वृत्तों का केन्द्र और त्रिज्या निकालो।

(५) $य^2+र^2-६\,य+र-११=०$.

(६) $३\,य^2+३\,र^2-१२\,य+६\,र-२५=०$.

(७) $य^2+र^2-४\,य+२\,र=०$.

(८) $क\,य^2+क\,र^2-२\,ख\,य+२\,ग\,र-घ=०$.

(९) $४\,य^2+४\,र^2=९\,र$.

(१०) $५\,य^2+५\,र^2=२\,क\,य$.

५.३ विशिष्ट स्थितियाँ

(१) यदि मूल-बिन्दु वृत्त पर स्थित है तो

$मू\,चौ^2+चा\,चौ^2=मू\,चा^2$

अर्थात् $त^2+थ^2=क^2$।

अतः वृत्त का समीकरण

$य^2+र^2-२\,त\,य-२\,थ\,र=०$ हो गया।

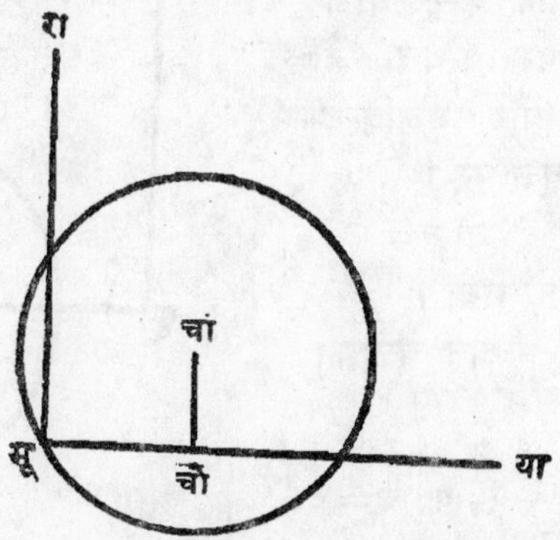

चित्र ४४

(२) मान लो कि केन्द्र याक्ष पर स्थित है।

तो थ = ०

अतः वृत्त का समीकरण

(य − त)² + र² = क²

हो गया।

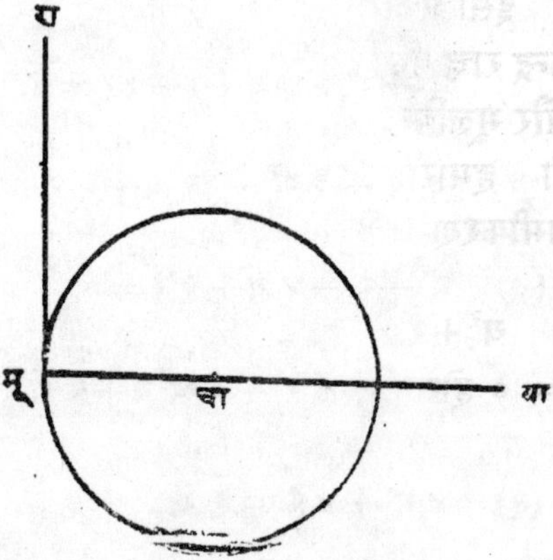

चित्र ४५

(३) मान लो कि केन्द्र याक्ष पर स्थित है और मूलबिन्दु वृत्त पर।

तो त = क

हो गया।

अतः वृत्त का समीकरण

य² + र² − २ क य = ०

हो गया।

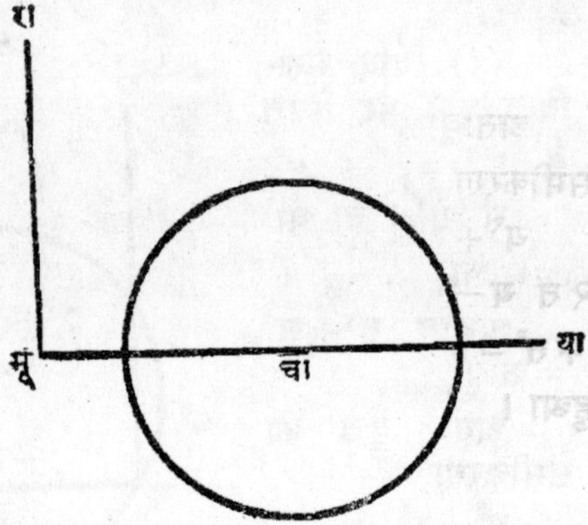

चित्र ४६

इसी प्रकार यदि केन्द्र राक्ष पर स्थित है और मूलबिन्दु वृत्त पर तो हमारा अभीष्ट समीकरण

$$य^{२}+र^{२}-२कर = ०$$ होगा।

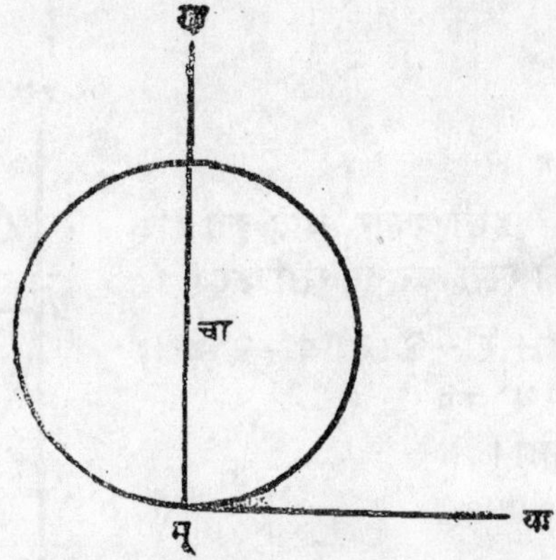

चित्र ४७

(४) यदि केन्द्र और मूलबिन्दु अभिन्न हों तो हमें § ५.१ की स्थिति प्राप्त होगी।

(५) यदि वृत्त याक्ष को स्पर्श करता है तो थ = क।

अतः वृत्त का समीकरण

$$य^{२}+र^{२}-२तय-२थर+त^{२}=०$$

हुआ।

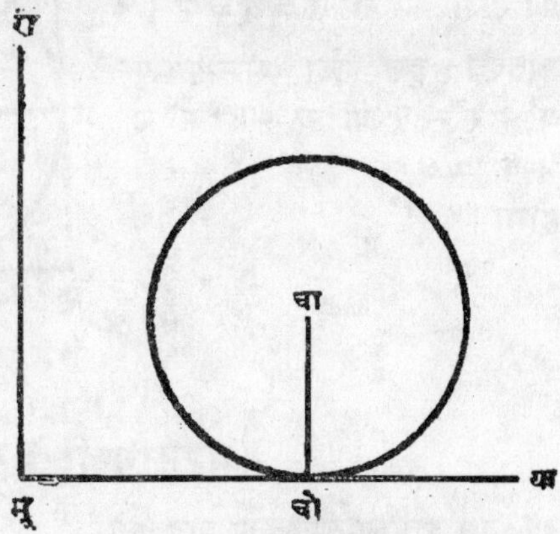

चित्र ४८

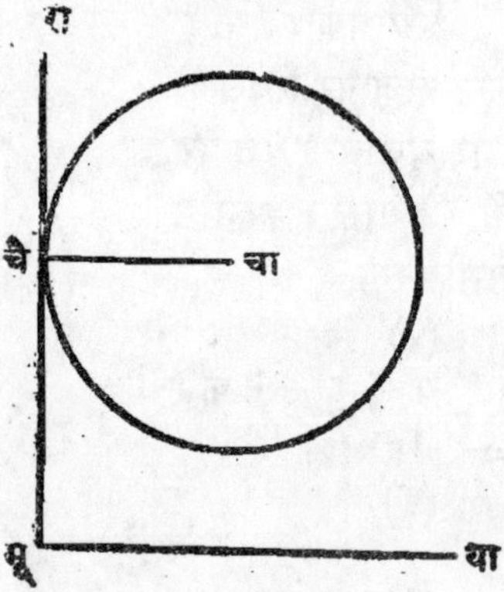

चित्र ४९

इसी प्रकार, यदि वृत्त राक्ष को स्पर्श करे तो समीकरण

य² + र² − २ त य − २ थ र + थ² = ०

होगा।

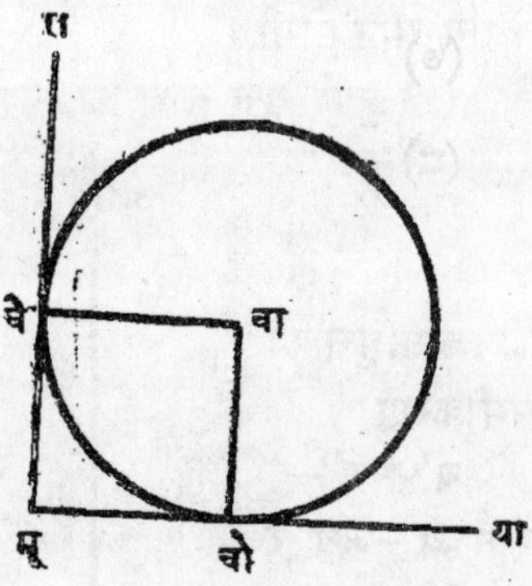

चित्र ५०

(६) यदि वृत्त दोनों अक्षों को स्पर्श करे तो त = थ = क। अतएव वृत्त का समीकरण

य² + र² − २ क य − २ क र + क² = ०

होगा।

प्रश्नावली ३२

उस वृत्त का समीकरण ज्ञात करो

(१) जो मूलबिन्दु में से गुजरता है और जिसका केन्द्र (२, − ३) है।

(२) जो याद्ग को मूलबिन्दु पर स्पर्श करता है और जिसकी त्रिज्या ३ है।

(३) जिसका केन्द्र याद्ग पर मूलबिन्दु से ५ की दूरी पर है और जिसकी त्रिज्या ४ है।

(४) जिसका एक व्यास राद्व पर स्थित है, जिसकी त्रिज्या २ प है और जो बिन्दु (फ, ०) में से गुज़रता है।

(५) जिसका केन्द्र (१, −४) है और जो राक्ष को स्पर्श करता है।

(६) जो याद्ग को उस बिन्दु पर स्पर्श करता है जो मूलबिन्दु से अ की दूरी पर है और जिसकी त्रिज्या इ है।

(७) जो अक्षों को स्पर्श करता है और जिसकी त्रिज्या ६ है।

(८) जो उस △ का अन्तःवृत्त है जिसकी भुजाओं के समीकरण य = १, २ र = ५ और ३ य − ४ र = ५ हैं।

(का० हि० वि० १६४१)

५.४ समीकरण (खः) का विस्तृत रूप

$$य^2 + र^2 - २ त य - २ थ र + (त^2 + थ^2 - क^2) = ०$$

है। इसको हम इस प्रकार

$$य^2 + र^2 + २ छ य + २ च र + ग = ० \qquad (गः)$$

भी लिख सकते हैं।

यदि हम इस समीकरण को किसी अचल न से गुणा करें तो उसका यह रूप

$$न\,य^{२} + न\,र^{२} + २\,छि\,य + २\,चि\,र + गि = ० \qquad (गं)$$

हो जायगा।

इस समीकरण के क्या चिह्न हैं ?

(१) $य^{२}$ और $र^{२}$ के गुणक बराबर हैं।

(२) य र का गुणक शून्य है।

विलोमतः, अब यह देखना है कि यदि कोई समीकरण दिया है जिसमें यह दोनों गुण विद्यमान हैं तो क्या वह सदैव एक वृत्त को ही निरूपित करेगा ?

यदि समीकरण (गं) के रूप में दिया है तो हम $य^{२}$ के गुणक से भाग देकर उसे (गः) के रूप में ढाल सकते हैं। अतः हम (गः) को ही अपना नियत समीकरण मानेंगे।

मान लिया कि (गः) हमारा नियत समीकरण है। इसको हम इस प्रकार

$$(य + छ^{२}) + (र + च^{२}) = च^{२} + छ^{२} - ग \qquad (गौ)$$

लिख सकते हैं।

स्पष्ट है कि यह एक वृत्त है जिसका केन्द्र ($-$छ, $-$च) है और त्रिज्या $\sqrt{च^{२} + छ^{२} - ग}$।

यदि $च^{२} + छ^{२} > ग$ तो वृत्त वास्तविक है।

यदि $च^{२} + छ^{२} = ग$ तो हमारा समीकरण

$$(य + छ)^{२} + (र + च)^{२} = ०$$

हो जायगा। हमने पिछले अध्याय में देखा है कि संकर क्षेत्र में यह दो काल्पनिक सरल रेखाओं को निरूपित करता है। वास्तविक क्षेत्र में इस समीकरण की निधि केवल बिन्दु (−छ, −च) है। ऐसी स्थिति में हम यह कहेंगे कि यह समीकरण उस बिन्दु–वृत्त को निरूपित करता है जिसका केन्द्र (−छ, −च) है और त्रिज्या शून्य।

यदि $च^2 + छ^2 < ग$ तो (गौ) के दक्षिण पक्ष का मूल एक काल्पनिक राशि हो जाता है। गणितीय रूढ़ि के अनुसार हम यह कहेंगे कि यह एक वृत्त है जिसकी त्रिज्या काल्पनिक है। इस वृत्त को न हम खींच सकते है न दर्शा सकते हैं।

अब हम यह व्यापक वक्तव्य दे सकते हैं कि समीकरण (ग:) सदैव एक वृत्त को ही निरूपित करेगा चाहे यह वास्तविक हो अथवा काल्पनिक।

अतएव किसी समीकरण के एक वृत्त का निरूपण करने के लिये आवश्यक और पर्याप्त शर्त यह है कि

(१) $य^2$ और $र^2$ के गुणक बराबर हों, और

(२) य र का गुणक शून्य हो।

उदाहरण—आ और ई दो स्थिर बिन्दु हैं। एक गतिशील बिन्दु पा इस प्रकार चलता है कि पा आ = २ पा ई। सिद्ध करो कि पा की निधि एक वृत्त है।

ई आ को याक्ष और उसके मध्य बिन्दु को मूलबिन्दु मानो।

यदि मू आ = क तो § २.१ उदाहरण २ से निधि का समीकरण

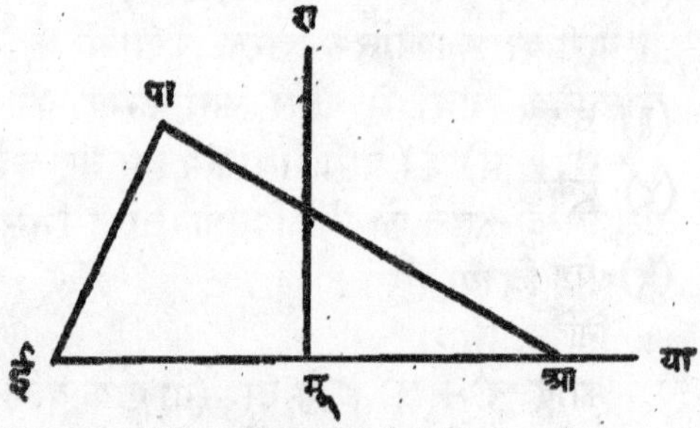

चित्र ५.१

$$३ य^2 + ३ र^2 + १० क य + ३ क^2 = ०$$

हुआ।

स्पष्ट है कि यह एक वृत्त है।

इस समीकरण को इस रूप

$$य^2 + र^2 + \frac{१०}{३} क य + क^2 = ०$$

अर्थात्, इस रूप $(य + \frac{५}{३} क)^2 + र^2 = \frac{१६}{९} क^2$

में रखने से पता चलता है कि इसका केन्द्र $(-\frac{५}{३} क, ०)$ है और त्रिज्या $\frac{४}{३}$ क।

प्रश्नावली ३३

सिद्ध करो कि उस बिन्दु की निधि एक वृत्त है जो इस प्रकार चलता है कि

(१) एक सम △ की भुजाओं से उसकी दूरियों के वर्गों का योग सदैव अचल रहता है।

(२) एक निर्दिष्ट बिन्दु से उसकी दूरी का वर्ग एक सरल रेखा से उसकी दूरी का अनुक्रमानुपाती है।

(३) स अचल बिन्दुओं से उसकी दूरियों के वर्गों का योग अचल है।

(४) एक वर्ग की चारों भुजाओं से उसकी दूरियों के वर्गों का जोड़ अचल है।

(५) एक स्थिर बिन्दु मू में से एक सरल रेखा खींची गई है जो एक निर्दिष्ट सरल रेखा को पा पर काटती है। मू पा पर एक बिन्दु फा इस प्रकार लिया गया है कि मू पा. मू फा अचल है। सिद्ध करो कि फा की निधि एक वृत्त है।

(६) का, खा, गा तीन बिन्दु है जिनके भुजयुग्म क्रमशः (—१, ०), (१,०), (०,३) हैं। एक गतिशील बिन्दु पा इस प्रकार चलता है कि

$$\text{का पा}^2 + \text{खा पा}^2 + \text{गा पा}^2 = ११.$$

सिद्ध करो कि उसकी निधि एक वृत्त है। वृत्त का केन्द्र और त्रिज्या निकालो। (का० हि० वि० १९४२)

(७) सिद्ध करो कि सरल रेखाओं

$$\text{य कोज् अ} + \text{र ज्या अ} = \text{क}$$

और य ज्या अ — र कोज् अ = ख के कटान बिन्दु की निधि एक वृत्त है।

५·५ हम देख चुके हैं कि समीकरण (ख:) में तीन स्वतन्त्र अचल हैं : त, थ, क। इसी प्रकार (ग:) में भी तीन अचल हैं: च, छ और ग। अतः किसी वृत्त का समीकरण ज्ञात करने के लिये तीन स्वतन्त्र न्यास आवश्यक हैं। यह न्यास इस प्रकार के हो सकते हैं :

(१) केन्द्र के भुजयुग्म और त्रिज्या।

(२) वृत्त पर के दो बिन्दु और त्रिज्या।

(३) तीन बिन्दु जिनमें से वृत्त गुज़रता है।

(४) एक बिन्दु जिसमें से वृत्त गुज़रता है और दोनों अक्षों पर उसके अन्तःखण्ड।

उदाहरण १—उस वृत्त का समीकरण ज्ञात करो जो बिन्दुओं (०, २), (१, −४) और (२, ३) में से गुज़रता है।

मान लो कि वृत्त का समीकरण

$$य^{२} + र^{२} + २\,छ\,य + २\,च\,र + ग = ०$$

यदि निर्दिष्ट बिन्दु इस वृत्त पर स्थित हैं तो उनके भुजयुग्म इस समीकरण को सन्तुष्ट करेंगे। अतः

$$४ \qquad + ४\,च + ग = ०, \qquad (१)$$

$$१ + १६ + २\,छ − ८\,च + ग = ०, \qquad (२)$$

$$४ + ९ + ४\,छ + ६\,च + ग = ०, \qquad (३)$$

(१) को (२) में से घटाने से,

$$२\,छ − १२\,च + १३ = ०. \qquad (४)$$

इसी प्रकार (२) और (३) से

$$२\,छ + १४\,च − ४ = ०. \qquad (५)$$

(४) और (५) को हल करने से

$$च = \frac{१७}{२६},\; छ = −\frac{६७}{१३},\; ग = −\frac{८६}{१३}.$$

अतः वृत्त का अभीष्ट समीकरण

$$१३\,(य^{२} + र^{२}) − १३४\,य + १७\,र − ८६ = ०$$

हुआ।

उदाहरण २—उस वृत्त का समीकरण ज्ञात करो जो याक्ष को स्पर्श करता है और राक्ष को ऐसे दो स्थानों पर काटता है जिनकी मूलबिन्दु से दूरियाँ -४ और -९ हैं।

मान लो कि वृत्त का समीकरण

$$य^२ + र^२ + २ छ य + २ च र + ग = ०.$$

याक्ष से इसके कटान बिन्दु निकालने के लिए इस समीकरण में $र = ०$ रक्खो। हमें हस्तगत है

$$य^२ + २ छ य + ग = ०.$$

चूँकि वृत्त याक्ष को स्पर्श करता है, अतः इस समीकरण के दोनों मूल समान होंगे।

$$\therefore ग = छ^२ ।$$

अब हमारे वृत्त का समीकरण

$$य^२ + र^२ + २ छ य + २ च र + छ^२ = ०$$

हो गया।

न्यास से बिन्दु $(०, -४)$ और $(०, -९)$ इस वृत्त पर स्थित हैं।

अतः $१६ - ८ च + छ^२ = ०,$

और $८१ - १८ च + छ^२ = ०.$

हल करने से $च = \frac{१३}{२}$, $छ^२ = ३६$; अतः $छ = \pm ६.$

अतएव हमारे वृत्त का अभीष्ट समीकरण

$$य^२ + र^२ \pm १२ य + १३ र + ३६ = ०$$

हुआ। चित्र बनाने पर स्पष्ट हो जायगा कि ऐसे दो वृत्त मिलेंगे जो निर्दिष्ट शर्तों को पूरा करें।

उदाहरण ३—सिद्ध करो कि सरल रेखा ३ य − ४ र + ३ = ० वृत्त $य^२ + र^२$ − ४ य − २ र + ४ = ० को स्पर्श करती है।

वृत्त का समीकरण

$$(य-२)^२+(र-१)^२=१$$

है। अतः उसका केन्द्र (२, १) और त्रिज्या १ है।

केन्द्र से निर्दिष्ट सरल रेखा पर डाले गये लम्ब का मान

$\frac{६-४+३}{५}$ अर्थात् १ है जो ⊙ की त्रिज्या के बराबर है।

अतः सरल रेखा वृत्त को स्पर्श करती है।

प्रश्नावली ३४

उस वृत्त का समीकरण ज्ञात करो जो निम्नलिखित बिन्दुओं में से गुजरता है :—

(१) (१, −३), (−४, −७), (०, २).

(२) (०, ०), (क, ०), (०, ख).

(३) (५, ७), (८, १), (१, ३).

(का० हि० वि० १९४४)

उस वृत्त का समीकरण निकालो जो

(४) बिन्दुओं (३, −१), (१, −३) में से गुजरता है और रात्न को स्पर्श करता है।

(५) बिन्दुओं (१, २), (२, १) में से गुज़रता है और जिसका केन्द्र सरल रेखा २ य − ३ र + १ = ० पर स्थित है।

(६) मूलबिन्दु में से गुज़रता है और अक्षों में से क्रमशः ३ और ४ के अन्तःखण्ड काटता है।

(७) बिन्दुओं (१, २) और (३, —२) में से गुजरता है और जिसकी त्रिज्या ५ है।

(८) मूलबिन्दु और बिन्दुओं (क, ख), (ख, क) में से गुज़रता है।

(९) दोनों अक्षों को स्पर्श करता है और बिन्दु (२, ४) में से गुज़रता है।

(१०) याक्ष को मूलबिन्दु पर स्पर्श करता है और बिन्दु (१, —१) में से गुज़रता है।

(११) मूलबिन्दु में से गुज़रता है और अक्षों पर अन्तःखण्ड ति, थि काटता है।

(१२) याक्ष के उन बिन्दुओं में से गुज़रता है जो मूलबिन्दु से 'कि' की दूरी पर स्थित हैं और जिसकी त्रिज्या त्रि है।

(१३) का खा गा घा एक वर्ग है जिसकी भुजा त है। दो भुजाओं को अक्ष मानकर वर्ग के परिवृत्त का समीकरण निकालो।

(१४) दो बराबर वृत्त जिनकी त्रिज्या ३ है बिन्दुओं (—१, १ ± २ √२) पर परस्पर काटते हैं। सिद्ध करो कि दोनों सरल रेखा र = ४ को स्पर्श करते हैं।

(१५) उस △ के परिवृत्त का समीकरण ज्ञात करो जिसकी भुजायें क्रमशः र + १ = ०, य + र + ६ = ० और य — र = ४ हैं।

(१६) उस वृत्त का समीकरण ज्ञात करो जिसका केन्द्र (२, ३) है और जो सरल रेखा ३ य + ४ र + २ = ० को स्पर्श करता है।

(१७) उस वृत्त का समीकरण ज्ञात करो जो सरल रेखाओं $र = ५$ और $य - र + (३\sqrt{२} + १) = ०$ को स्पर्श करता है और जिसकी त्रिज्या ३ है।

(१८) दो वृत्तों के समीकरण $य^२ + र^२ - ४य + ६ र = ०$ और $य^२ + र^२ + २ य - १० र = ०$ हैं। उनके उन व्यासों का मध्यस्थ कोण ज्ञात करो जो मूलबिन्दु में से गुज़रते हैं।

५.६ अक्षों पर अन्तःखण्ड। मान लो कि $य^२ + र^२ + २छ य + २ च र + ग = ०$ एक वृत्त है। याक्ष से इसके कटान बिन्दु ज्ञात करने के लिये

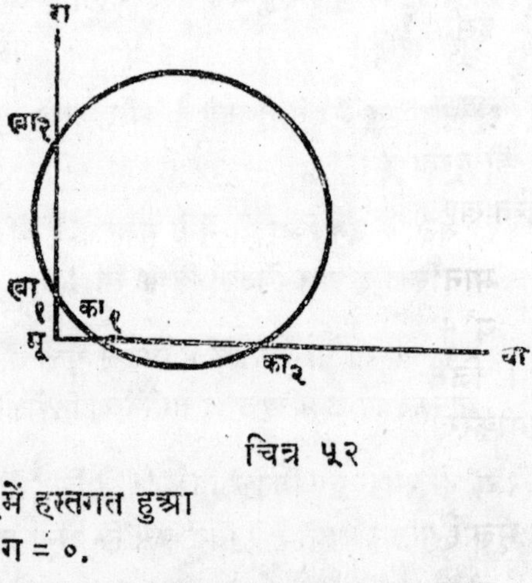

चित्र ५२

$र = ०$ रक्खो। तो हमें हस्तगत हुआ

$$य^२ + २ छ य + ग = ०.$$

यदि कटान बिन्दुओं के भुज $य_१$ और $य_२$ हैं तो

$$य_१ + य_२ = -२ छ,$$

और

$$य_१ य_२ = ग।$$

अतः $का_१ का_२ = य_२ - य_१ = \sqrt{(य_१ + य_२)^२ - ४य_१ य_२}$

$$= २\sqrt{छ^२ - ग}।$$

यदि $छ^2 > ग$ तो कटान बिन्दु वास्तविक और भिन्न हैं और याक्ष पर वृत्त का अन्तःखण्ड $२\sqrt{छ^2 - ग}$ है।

यदि $छ^2 = ग$ तो कटान बिन्दु वास्तविक और अभिन्न हैं। वृत्त याक्ष को स्पर्श करता है और अन्तःखण्ड शून्य है।

यदि $छ^2 < ग$ तो कटान बिन्दु काल्पनिक हैं, अतः अन्तःखण्ड भी काल्पनिक है।

इसी प्रकार, राक्ष पर अन्तःखण्ड $२\sqrt{च^2 - ग}$ होगा।

उदाहरण—उस वृत्त का समीकरण ज्ञात करो जो मूलबिन्दु से ३ की दूरी पर याक्ष को स्पर्श करता है और राक्ष में से $२\sqrt{७}$ का अन्तःखण्ड काटता है।

मान लो कि वृत्त का समीकरण

$$य^2 + र^2 + २ छ य + २ च र + ग = ० \qquad (१)$$

है। जिन बिन्दुओं पर यह याक्ष को काटता है उनके भुज समीकरण

$$य^2 + २ छ य + ग = ०$$

के मूल हैं।

परन्तु इस समीकरण के दोनों मूल '३' होने चाहिये। अतः इसी समीकरण का तुल्य रूप $(य - ३)^2 = ०$ है।

$$\therefore \; २छ = -६, \quad ग = ९.$$

अब हमारा समीकरण (१)

$$य^2 + र^2 - ६ य + २ च र + ९ = ०$$

हो गया।

राक्ष से इसके कटान बिन्दु निकालने के लिये समीकरण

$$र^2 + च र + ६ = ०$$

है। अतः कटान बिन्दुओं की कोटियाँ

$$—च + \sqrt{च^2 — ६} \quad और \quad —च — \sqrt{च^2 — ९}$$

हैं। अतएव राक्ष पर वृत्त का अन्तःखण्ड $२\sqrt{च^2 — ६}$ हुआ।

अतः, न्यास से $२\sqrt{च^2 — ६} = २\sqrt{७}$

$$\therefore च = \pm ४$$

अतएव, अभीष्ट समीकरण

$$य^2 + र^2 — ६ य \pm ८ र + ६ = ०$$

हुआ।

स्पष्ट है कि ऐसे दो वृत्त हैं जो निर्दिष्ट शर्तों को पूरा करते हैं।

प्रश्नावली ३५

उस वृत्त का समीकरण निकालो जिसका अन्तःखण्ड

(१) याक्ष पर ६ है और जो राक्ष को बिन्दु (०, — २) पर स्पर्श करता है।

(२) याक्ष पर ५ और राक्ष पर २ है और जिसकी त्रिज्या $\frac{\sqrt{४१}}{२}$ है।

(३) राक्ष पर ४ है, जो बिन्दु (— १, — २) में से गुज़रता है और जिसकी त्रिज्या २ है।

(४) याक्ष पर ४ है और जो बिन्दुओं (१, २) और (२, — ३) में से गुज़रता है।

(५) राक्ष पर ३ है, जिसकी त्रिज्या २ है और जो सरल रेखा $३ य — ४ र + १ = ०$ को स्पर्श करता है।

(६) याक्ष पर २ और रात्त पर ४ है और जिसका केन्द्र सरल रेखा य—र + √३ (२ + √३) = ० पर स्थित है।

५.७ दो बिन्दु ($य_1$, $र_1$) और ($य_2$, $र_2$) दिये हैं। उस वृत्त का समीकरण निकालना जो इनकी संयोजक रेखा को व्यास मानकर खींचा जाय।

मान लो कि क्रमशः का, खा निर्दिष्ट बिन्दु हैं और पा वृत्त पर कोई बिन्दु है जिसके भुजयुग्म (ति, थि) हैं।

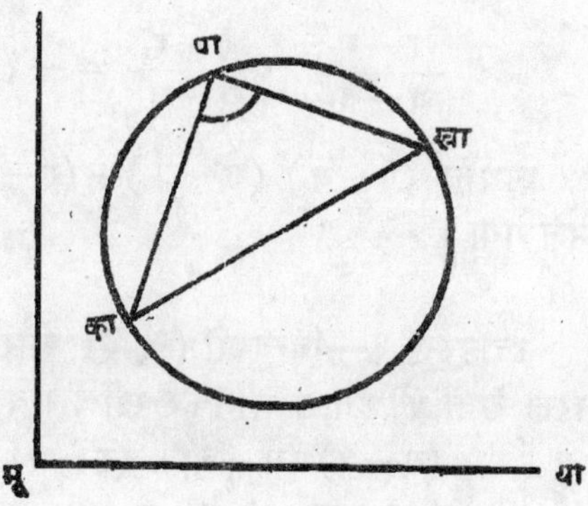

चित्र ५३

तो पाका का समीकरण

$$\frac{य - य_1}{ति - य_1} = \frac{र - र_1}{थि - र_1}$$

हुआ।

इसी प्रकार पा खा का समीकरण

$$\frac{य - य_2}{ति - य_2} = \frac{र - र_2}{थि - र_2}$$

होगा।

इन दोनों रेखाओं के 'त' क्रमशः $\frac{थि-र_१}{ति-य_१}$ और $\frac{थि-र_२}{ति-य_२}$ हैं। अतः यदि यह दोनों सरल रेखायें ⊥ हैं तो इनका गुणन-फल —१ होगा।

$$\therefore \frac{थि-र_१}{ति-य_१} \quad \frac{थि-र_२}{ति-य_२} = -१$$

ति, थि के स्थान पर य, र रखने से वृत्त का समीकरण

$$\frac{र-र_१}{य-य_१} \quad \frac{र-र_२}{य-य_२} = -१$$

अर्थात् $(य-य_१)(य-य_२)+(र-र_१)(र-र_२)=०$ मिल गया।

उदाहरण १—बिन्दुओं (१, ३) और (२, —२) की संयोजक सरल रेखा को व्यास मानकर खींचे गये वृत्त का समीकरण

$$(य-१)(य-२)+(र-३)(र+२)=०$$

अर्थात् $य^२+र^२-३\,य-र-४=०$

है।

उदाहरण २—का (१, ४) और खा (—३, २) दो निर्दिष्ट बिन्दु हैं। बिन्दु पा इस प्रकार घूमता है कि ∠का पा खा=४५°। सिद्ध करो कि पा की निधि एक वृत्त है।

यदि पा के भुजयुग्म (ति, थि) हैं तो पा का, पा खा के समीकरण

क्रमशः $\frac{य-१}{ति-१}=\frac{र-४}{थि-४}$ और $\frac{य+३}{ति+३}=\frac{र-२}{थि-२}$

हुये। यदि इनका मध्यस्थ कोण ४५° है तो

$$१ = स्पज्या\ ४५ = \frac{\frac{थि-४}{ति-१}-\frac{थि-२}{ति+३}}{१+\frac{थि-४}{ति-१}\cdot\frac{थि-२}{ति+३}}।$$

ति, थि के स्थान पर य, र रखने से निधि का समीकरण

$$(य+३)(र-४)-(य-१)(र-२)$$
$$=(य-१)(य+३)+(र-४)(र-२)$$

अर्थात् $य^२+र^२+४य-१०र+१६=०$

हुआ। प्रत्यक्ष है कि यह एक वृत्त है।

प्रश्नावली ३६

(१) उस वृत्त का समीकरण निकालो जो बिन्दुओं (१, ५), (−४, २) की संयोजक सरल रेखा को व्यास मान कर खींचा गया हो।

(२) बिन्दुओं (०, १) और (०, ३) की संयोजक सरल रेखा पर एक सम △ खींचा गया है जिसका शीर्ष प्रथम चरण में है। इस △ की भुजाओं को व्यास मानकर खींचे गये वृत्तों के समीकरण निकालो।

(३) ता (१, ०) और था (३, ०) याक्ष पर दो बिन्दु हैं। ता था पर एक द्विसम △ खींचा गया है जिसका शीर्ष प्रथम चरण में है और शीर्ष कोण १२०° का है। इस △ की समान भुजाओं को व्यास मानकर खींचे गये वृत्तों के समीकरण ज्ञात करो।

(४) सरल रेखा $य - २र + २ = ०$ अक्षों को क्रमशः का, खा पर काटती है। बिन्दु पा इस प्रकार चलता है कि $\angle$ का पा खा सदैव ६०° का रहता है। सिद्ध करो कि पा की निधि एक वृत्त का चाप है।

(५) वृत्त $य^2 - २कय + र^2 = ०$ की एक जीवा मूलबिन्दु में से खींची गई है। सिद्ध करो कि इस जीवा को व्यास मानकर खींचे गये वृत्त के केन्द्र की निधि एक वृत्त है जो निर्दिष्ट वृत्त के केन्द्र में से गुजरता है।

(इ० बो० १९३९)

(६) का $(य_1, र_1)$ और खा $(य_2, र_2)$ दो स्थिर बिन्दु हैं। का, खा के मध्येन एक वृत्त खींचा गया है जिसके का खा पर बने खंड में $\angle$ अ निहित है। सिद्ध करो कि वृत्त का समीकरण

$$\{(य - य_1)(य - र_2) + (र - र_1)(र - र_2)\} \text{ स्पज्या अ}$$

$$= \pm\{(य - य_1)(र - र_2) - (य - य_2)(र - र_1)\}$$

है।

(७) पिछले प्रकरण का समीकरण शुल्ब प्रमेय (पिथैगोरस के प्रमेय) की सहायता से निकालो।

(८) एक वृत्त याक्ष को स्पर्श करता है और राक्ष में से अचल लम्बाई २च की एक जीवा काटता है। सिद्ध करो कि उसके केन्द्र की निधि $य^2 - र^2 + च^2 = ०$ है।

५.८ कभी २ यह जानना आवश्यक होता है कि एक निर्दिष्ट बिंदु किसी वृत्त के अन्दर है या ऊपर या बाहर।

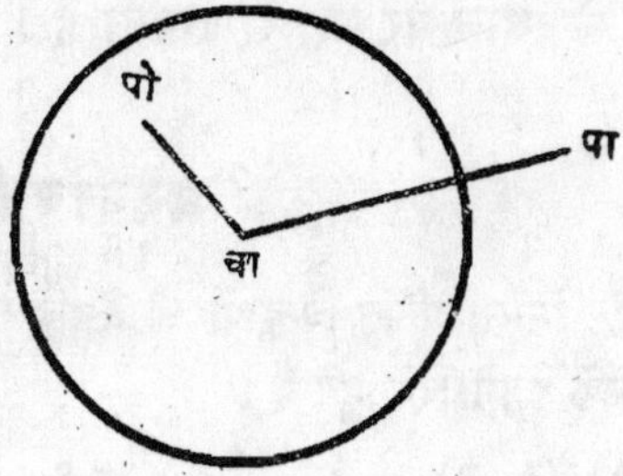

चित्र ५४

सबसे सरल विधि यह है कि यदि वृत्त के केन्द्र से निर्दिष्ट बिन्दु की दूरी वृत्त की त्रिज्या से बड़ी है तो बिंदु वृत्त के बाहर है। यदि बराबर है तो बिन्दु वृत्त पर स्थित है और यदि छोटी है तो बिंदु वृत्त के अन्दर है।

मान लो कि पा के भुजयुग्म ($य_1, र_1$) हैं और वृत्त की त्रिज्या क।

(१) मान लो कि वृत्त का समीकरण $य^2 + र^2 - क^2 = 0$ है।

तो बिंदु ($य_1, र_1$) वृत्त के बाहर, ऊपर या अन्दर होगा

यदि क्रमशः $य^2_1 + र^2_1 - क^2 \gtreqless 0$

(२) मान लो कि वृत्त का समीकरण

$$य^2 + र^2 + 2\,छ\,य + 2\,च\,र + ग = 0$$

अर्थात् $(य + छ)^2 + (र + च)^2 = च^2 + छ^2 - ग$

है। इस वृत्त का केन्द्र ($-छ, -च$) और त्रिज्या $\sqrt{च^2 + छ^2 - ग}$ है।

अतः बिन्दु ($य_1, र_1$) वृत्त के बाहर, ऊपर या अन्दर होगा

यदि क्रमशः $(य_1 + छ)^2 + (र_1 + च)^2 \gtreqless च^2 + छ^2 - ग$

अर्थात् यदि $य_1^2 + र_1^2 + 2\,छ\,य_1 + 2\,च\,र_1 + ग \gtreqless 0$.

स्पष्ट है कि हमें केवल वृत्त के समीकरण के बाम पक्ष में य, र के स्थान पर $य_१$, $र_१$ रखना है।

प्रश्नावली ३७

निम्नलिखित बिन्दुओं की स्थिति उन वृत्तों के अनुसार ज्ञात करो जो उनके आगे दिये हुये हैं।

(१) (१, २) : $य^२ + र^२ = ९.$

(२) (३, −४) : $य^२ + र^२ − १ = ०.$

(३) (−३, −४) : $य^२ + र^२ = २५.$

(४) (२, ३) : $य^२ + र^२ + २ य − ६ र − ११ = ०.$

(५) (५, −१) : $य^२ + र^२ − य + ४ र + ५ = ०.$

(६) (०, −१) : $य^२ + र^२ − ४ र − ५ = ०.$

५.६ मान लो कि किसी वक्र पर पा, फा दो बिन्दु हैं। पा फा को जोड़ो। तो पा फा वक्र का छेदक हुआ। अब मान लो कि बिन्दु फा वक्र पर बिन्दु पा की ओर रींगता है। जब फा बिन्दु पा के अत्यन्त समीप पहुँचेगा और अन्ततः उससे अभिन्न हो जायगा तो पा फा

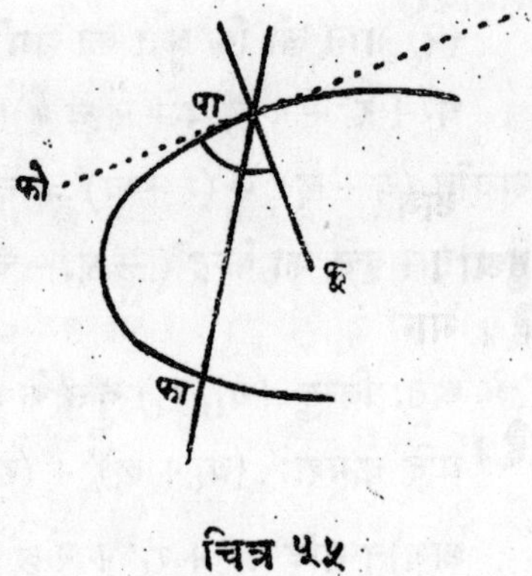

चित्र ५.५

की स्थिति पा फो हो जायगी। पा फा की इस स्थिति को हम बिन्दु पा पर खींचा गया वक्र का स्पर्शी कहते हैं। अतः पा फो बिन्दु पा पर वक्र का स्पर्शी हुआ।

सरल रेखा पा फू जो स्पर्शी पर पा बिन्दु पर लम्ब खींची गई है, बिन्दु पा पर वक्र का अभिलम्ब कहलाती है।

५.१० हम जानते हैं कि वृत्त में स्पर्शी त्रिज्या पर लम्ब होता है।

अतः वृत्त के किसी बिन्दु पर खींचा गया अभिलम्ब एक त्रिज्या होगा।

मान लो कि पा किसी वृत्त पर एक बिन्दु है जिसका केन्द्र मू है। मान लो कि पा पर स्पर्शी पा सा है।

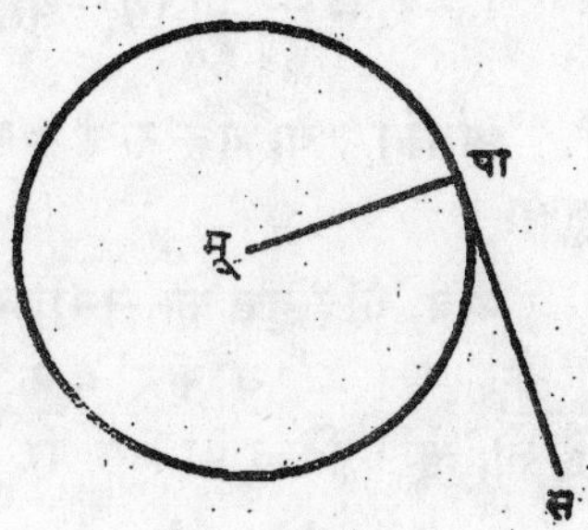

चित्र ५६

यदि पा के भुजयुग्म ($य_१$, $र_१$) हैं तो अभिलम्ब मू पा का समीकरण

$$\frac{य}{य_१} = \frac{र}{र_१},$$

अर्थात् $र_१ य - य_१ र = ०$ (१)

हुआ।

मान लो कि पा सा का समीकरण

$$र - र_१ = त\ (य - य_१)$$ (२)

है।

परन्तु (१) $\perp$ (२).

$$\therefore \text{त} \times \frac{\text{र}_1}{\text{य}_1} = -1$$

अर्थात् $\text{त} = -\frac{\text{य}_1}{\text{र}_1}$ ।

अतः पा सा का समीकरण

$$\text{र} - \text{र}_1 = -\frac{\text{य}_1}{\text{र}_1}(\text{य} - \text{य}_1)$$

अर्थात् $\text{य}_1 \text{य} + \text{र}_1 \text{र} = \text{य}_1^2 + \text{र}_1^2$

हुआ।

अब, यदि वृत्त का समीकरण

$$\text{य}^2 + \text{र}^2 = \text{क}^2$$

है तो, चूँकि बिन्दु पा उस पर स्थित है, अतः

$$\text{य}_1^2 + \text{र}_1^2 = \text{क}^2 \text{ ।}$$

अतएव पा सा का समीकरण

$$\text{य}_1 \text{य} + \text{र}_1 \text{र} = \text{क}^2$$

हो गया।

इस प्रकार पहिले अभिलम्ब का समीकरण निकाल लेने से हमें स्पर्शी का समीकरण बड़ी सुगमता से प्राप्त हो गया। परन्तु, इस विधि में हमने वृत्त के इस गुण का प्रयोग किया है कि त्रिज्या स्पर्शी पर $\perp$ होती है। द्विघात समीकरण के अन्य वक्रों में कोई ऐसा सरल गुण नहीं होता। अतः हमें पहले स्पर्शी का समीकरण और फिर उसकी सहायता से अभिलम्ब का समीकरण निकालना होता है। अतएव अब हम नये सिरे से पा पर खींचे गये स्पर्शी का समीकरण निकालते हैं।

५.११ स्पर्शी का समीकरण—

मान लो कि वृत्त का समीकरण

$$य^2 + र^2 = क^2$$

है और पा ($य_१$, $र_१$) उस पर एक बिन्दु है।

वृत्त पर पा के समीप एक बिन्दु फा ($य_२$, $र_२$) लो।

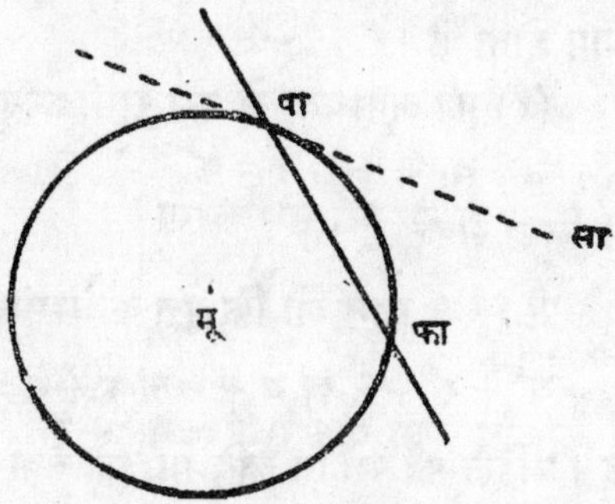

चित्र ५७

अब $य_१^2 + र_१^2 = क^2$ (१)

और $य_२^2 + र_२^2 = क^2$। (२)

$\therefore$ घटाने से, $य_२^2 - य_१^2 + र_२^2 - र_१^2 = 0$

अर्थात् $(य_२ - य_१)(य_२ + य_१) = -(र_२ - र_१)(र_२ + र_१)$। (३)

अब. पा फा का समीकरण

$$\frac{य - य_१}{य_२ - य_१} = \frac{र - र_१}{र_२ - र_१}$$

है। इसको (३) से गुणा करने से,

$(य_२ + य_१)(य - य_१) = -(र_२ + र_१)(र - र_१)$। (४)

अब मानलो कि फा रींग कर पा के अत्यन्त समीप आ जाता है और उससे अभिन्न हो जाता है।

तो समीकरण (४) में $य_२ = य_१$ और $र_२ = र_१$ रखने से स्पर्शी पासा का समीकरण

$२य_१(य-य_१) = -२र_१ (र-र_१)$

अर्थात् $य_१ य + र_१ र = य_१^२ + र_१^२$

प्राप्त होता है।

(१) की सहायता से इस समीकरण को इस रूप

$य_१ य + र_१ र = क_२$

में लिख सकते हैं।

५.१२ मान लो कि वृत्त का समीकरण

$य^२ + र^२ + २ छ य + २ च र + ग = ०$

है। पहिले की भाँति यदि पा, फा वक्र पर दो बिन्दु हैं तो

$य_१^२ + र_१^२ + २ छ य_१ + २ च र_१ + ग = ०$ (१)

और $य_२^२ + र_२^२ + २ छ य_२ + २ च र_२ + ग = ०$ (२)

∴ घटाने से, $(य_२^२ - य_१^२) + (र_२^२ - र_१^२) + २ छ (य_२ - य_१) + २ च(र_२ - र_१) = ०$

अर्थात् $(य_२ - य_१)(य_२ + य_१ + २ छ) = -(र_२ - र_१)(र_२ + र_१ + २ च)$। (३)

अब, पा फा का समीकरण

$$\frac{य-य_१}{य_२-य_१} = \frac{र-र_१}{र_२-र_१}$$

है। इसको (३) से गुणा करने से,

$(य_२ + य_१ + २ छ)(य - य_१) = -(र_२ + र_१ + २ च)(र - र_१)$।

अब $य_२ = य_१$ और $र_२ = र_१$ रखने से स्पर्शी का समीकरण हो

गया $(य_१ + छ)(य - य_१) = -(र_१ + च)(र - र_१)$

अर्थात् $य_१ य + र_१ र + छ य + च र = य_१^२ + र_१^२ + छ य_१ + च र_१$।

दोनों पक्षों में छ $य_1$ + च $र_1$ + ग जोड़ने से और (१) के प्रयोग से स्पर्शी का समीकरण

$$य_1 य + र_1 र + छ (य + य_1) + च (र + र_1) + ग$$
$$= य_1^2 + र_1^2 + २ छ य_1 + २ च र_1 + ग = ०$$

हो जाता है।

अतः बिन्दु ($य_1$, $र_1$) पर खींचे गये स्पर्शी का समीकरण निकालने के लिये मौलिक समीकरण में

$य^2$ के स्थान पर $य_1 य$,
$र^2$ " " $र_1 र$,
२ य " " य + $य_1$,
२ र " " र + $र_1$

रक्खो। स्पर्शी का समीकरण इस रूप में—

$$य_1 य + र_1 र + छ(य + य_1) + च (र + र_1) + ग = ० \quad (क)$$

प्राप्त हो जायगा।

उदाहरण १—वृत्त $य^2 + र^2$ = २५ के बिन्दु (३, —४) पर खींचे गये स्पर्शी का समीकरण ३ य — ४ र = २५ है।

उदाहरण २—वृत्त $य^2 + र^2$ — ४ य + ८ र + १० = ०
के बिन्दु (१, —१) पर खींचे गये स्पर्शी का समीकरण

$$य — र — २ (य + १) + ४ (र — १) + १० = ०$$

अर्थात् य — ३ र — ४ = ०

है।

प्रश्नावली ३८

निम्नलिखित वृत्तों के उन बिन्दुओं पर खींचे गये स्पर्शी ज्ञात करो जो उनके सामने दिये हैं।

(१) $य^2+र^2=९$: (१, $-२\sqrt{२}$).

(२) $य^2+र^2-४य-१२=०$: (०,६).

(३) $य^2+र^2-६य=०$: मूलबिन्दु।

(४) $य^2+र^2-२य+२र-२=०$: (१, १).

(५) $(क^2+ख^2)(य^2+र^2)=क^2ख^2$: $\left(\frac{क\,ख^2}{क^2+ख^2}, \frac{क^2\,ख}{क^2+ख^2}\right)$।

(६) $२(य^2+र^2)=३र$: मूलबिन्दु।

(७) $(य-अ)^2+(र-इ)^2=ति^2$: (अ + ति कोज् क्ष, इ + ति ज्या क्ष)।

५.१३ अभिलम्ब का समीकरण—

§ ५.११ में हमने स्पर्शी का समीकरण

$$य_1\,य+र_1\,र=क^2 \qquad (१)$$

प्राप्त किया है।

अब, अभिलम्ब बिन्दु $(य_1, र_1)$ के मध्येन खींची गई वह सरल रेखा है जो (१) पर ⊥ है।

स्पष्ट है कि (१) का 'त' $-\frac{य_1}{र_1}$ है।

अतः यदि $(य_1, र_1)$ पर खींचे गये अभिलम्ब का समीकरण

$$र-र_1=त\,(य-य_1)$$

है तो

$$त\times\left(-\frac{य_1}{र_1}\right)=-१.$$

$$\therefore\ त=\frac{र_1}{य_1}।$$

अतएव, अभिलम्ब का समीकरण

$$र - र_1 = \frac{र_1}{य_1}(य - य_1)$$

अर्थात् $र_1 य - य_1 र = ०$

हुआ, जो § ५.१० के (१) से अभिन्न है।

५.१४ यदि वृत्त का समीकरण

$$य^2 + र^2 + २ छ य + २ च र + ग = ० \quad (१)$$

है तो बिन्दु $(य_1, र_1)$ पर खींचे गये स्पर्शी का समीकरण

$$य_1 य + र_1 र + छ (य + य_1) + च (र + र_1) + ग = ०$$

अर्थात् $(य_1 + छ) य + (र_1 + च) र + छ य_1 + च र_1 + ग = ०$

होगा। (२)

§ ३.२१ से उस सरल रेखा का समीकरण जो (२) पर ⊥ है और $(य_1, र_1)$ में से गुजरती है,

$$(र_1 + च)(य - य_1) - (य_1 + छ)(र - र_1) = ० \quad (३)$$

हुआ। अतः अभिलम्ब का समीकरण

$$(र_1 + च) य - (य_1 + छ) र - च य_1 + छ र_1 = ०$$

है।

इस समीकरण को इस प्रकार भी प्राप्त कर सकते हैं कि वृत्त (१) का केन्द्र (−छ, −च) है। और इस बिन्दु और $(य_1, र_1)$ की संयोजक सरल रेखा का समीकरण

$$\frac{य + छ}{य_1 + छ} = \frac{र + च}{र_1 + च}$$

हुआ जो (३) से अभिन्न है।

उदाहरण—वृत्त $य^2 + र^2 - ४ य + ८ र + १० = ०$ के बिन्दु (१, —१) पर खींचे गये अभिलम्ब का समीकरण

$$(-१ + ४) य - (१ - २) र - ४.१ - २ (-१) = ०$$

अर्थात् $३ य + र - २ = ०$

है।

प्रश्नावली ३६

प्रश्नावली ३८ के सब प्रश्नों में सम्वादी अभिलम्बों के समीकरण ज्ञात करो।

५.१५ किसी सरल रेखा से कटान

मान लो कि वृत्त का समीकरण

$$य^2 + र^2 = क^2 \qquad (१)$$

है और सरल रेखा का

$$र = त य + द \text{ ।} \qquad (२)$$

इनके कटान बिन्दु निकालने के लिये दोनों को एक साथ हल करना होगा।

र का मान (१) में रखने से

$$य^2 + (त य + द)^2 = क^2$$

अर्थात् $(१ + त^2) य^2 + २ त द य + (द^2 - क^2) = ०$ (३)

आया। यह समीकरण वर्गात्मक है, अतः इससे य के दो मान मिलेंगे।

फिर (२) से र के दो सम्वादी मान मिलेंगे।

अतः (१) और (२) के कटान बिन्दु दो हैं।

समीकरण (३) के मूल वास्तविक और भिन्न, वास्तविक और अभिन्न अथवा काल्पनिक होंगे

यदि क्रमशः $४ त^२ द^२ - ४(१ + त^२)(द^२ - क^२) \gtreqless ०$,

अर्थात् यदि $क^२ + त^२ क^२ - द^२ \gtreqless ०$,

अर्थात् यदि $द^२ \lesseqgtr क^२ (१ + त^२)$।

अतः यदि $द^२ < क^२(१ + त^२)$ तो कटान बिन्दु वास्तविक और भिन्न होंगे जैसे रेखा 'एक' के कटान बिन्दु पा, फा

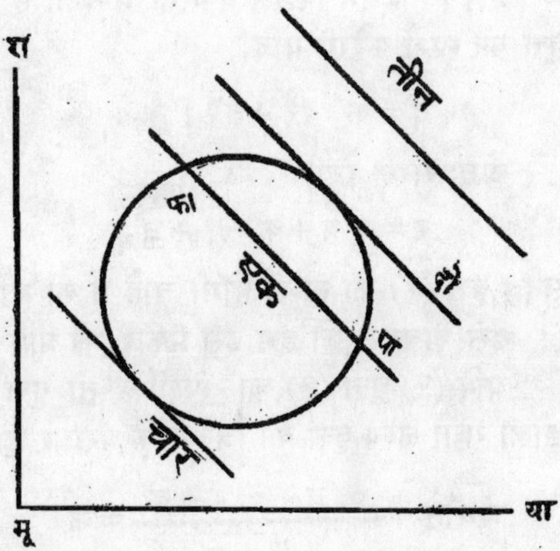

यदि $द = \pm क \sqrt{१ + त^२}$

चित्र ५८

तो (३) में य के दोनों मान समान होंगे, अतः (२) से र के दोनों सम्वादी मान समान मिलेंगे। अतएव कटान बिन्दु वास्तविक और अभिन्न होंगे, अर्थात् सरल रेखा वृत्त को स्पर्श करेगी। इस समीकरण से स्पष्ट है कि त के किसी निर्दिष्ट मान के लिये द के दो मान होंगे, अर्थात् किसी निर्दिष्ट त

के लिये वृत्त के दो स्पर्शी होंगे जैसे चित्र ५८ में रेखायें 'दो' और 'चार'।

यदि $द^२ > क^२ (१ + त^२)$

तो कटान बिन्दु काल्पनिक होंगे। अर्थात् सरल रेखा वृत्त को किसी वास्तविक बिन्दु में नहीं काटेगी। चित्र में रेखा 'तीन' के वृत्त से कटान बिन्दु काल्पनिक हैं।

५.१६ हमने पिछले प्रकरण में देखा है कि सरल रेखा (२) वृत्त को स्पर्श करेगी यदि

$$द = क \sqrt{१ + त^२}\text{ ।} \qquad (४)$$

अतः सरल रेखा

$$र = त\, य + क \sqrt{१ + त^२} \qquad (५)$$

सदैव वृत्त (१) का स्पर्शी होगी चाहे त का मान कुछ भी हो।

इस अवस्था को हम इस प्रकार भी प्राप्त कर सकते हैं :

यदि (२) वृत्त (१) का स्पर्शी है तो वृत्त के केन्द्र से (२) पर डाला गया लम्ब वृत्त की त्रिज्या के बराबर होगा।

$$\text{अर्थात्} \quad \frac{०.\, य - ०.\, र + द}{\sqrt{१ + त^२}} = क$$

जो (४) से अभिन्न है।

§ ५.११ में हमने देखा है कि ($य_१$, $र_१$) पर वृत्त का स्पर्शी

$$य_१\, य + र_१\, र = क^२ \qquad (६)$$

है। इस समीकरण को हम (५) के रूप में ढाल सकते हैं।

(६) को इस प्रकार

$$र = -\frac{य_१}{र_१} य + \frac{क^२}{र_१} \quad (७)$$

लिखो।

अब $-\frac{य_१}{र_१} = त$ अर्थात् $य_१ = -त\, र_१$ रक्खो।

हम जानते हैं कि $य_१^२ + र_१^२ = क^२$।

अतः $र_१^२ (त^२ + १) = क^२$,

अर्थात् $\frac{क}{र_१} = \sqrt{१ + त^२}$।

अतएव (७) का तुल्य रूप

$$र = त\, य + क\sqrt{१ + त^२}$$

हो गया।

स्पष्ट है कि इस स्पर्शी का सम्पर्क बिन्दु

$$\left(\frac{-त\, क}{\sqrt{१ + त^२}}, \frac{क}{\sqrt{१ + त^२}}\right)$$

है।

उदाहरण १—सिद्ध करो कि सरल रेखा $र = २ य + ३ \sqrt{५}$ वृत्त $य^२ + र^२ = ६$ को स्पर्श करती है और सम्पर्क बिन्दु ज्ञात करो।

(का० हि० वि० १९४०)

वृत्त के समीकरण में र का मान रखने से

$$य^२ + (२ य + ३ \sqrt{५})^२ = ९,$$

अर्थात् $५ य^२ + १२ य \sqrt{५} + ३६ = ०$,

अर्थात् $(य \sqrt{५} + ६)^२ = ०$.

अतः य के दोनों मान $-\frac{६}{\sqrt{५}}$ के बराबर हैं।

$\therefore$ र के दोनों मान $२\left(-\frac{६}{\sqrt{५}}\right)+३\sqrt{५}$ अर्थात् $\frac{३}{\sqrt{५}}$

के बराबर हैं।

अतः सरल रेखा से वृत्त के कटान बिन्दु अभिन्न हैं।

दूसरे शब्दों में, सरल रेखा वृत्त को स्पर्श करती है।

सम्पर्क बिन्दु $\left(-\frac{६}{\sqrt{५}}, \frac{३}{\sqrt{५}}\right)$ है।

उदाहरण २—वृत्त

$$य^2 + र^2 - ८ य + १२ र + १६ = ०$$

के उन स्पर्शियों के समीकरण ज्ञात करो जो सरल रेखा

$$५ य - १२ र + ३ = ०$$

के समानान्तर हैं।

मान लो कि स्पर्शी का समीकरण

$$५ य - १२ र + द = ० \qquad (१)$$

है। यदि यह सरल रेखा वृत्त

$$(य - ४)^2 + (र + ६)^2 = ३६$$

का स्पर्शी है तो वृत्त के केन्द्र (४, −६) से (१) पर डाला गया लम्ब त्रिज्या के बराबर होगा।

$$\text{अतः} \quad \frac{२० + ७२ + द}{१३} = \pm ६,$$

अर्थात् $द + ९२ = \pm ७८$

अर्थात् $द = -१४$ अथवा -१७०.

अतः अभीष्ट स्पर्शियों के समीकरण

$$५ य - १२ र = १४ \text{ और } ५ य - १२ र = १७०$$

हैं।

प्रश्नावली ४०

(१) ज्ञात करो कि सरल रेखा $य + र = २ + \sqrt{२}$ वृत्त $य^२ + र^२ - २ य - २ र + १ = ०$ को स्पर्श करती है अथवा नहीं। (का. हि. वि. १९३७)

निम्नलिखित प्रश्नों में एक वृत्त और एक सरल रेखा के समीकरण दिये हैं। त का मान बताओ ताकि सरल रेखा वृत्त को स्पर्श करे :—

(२) $य^२ + र^२ = ९;\ र = त य + २.$

(३) $य^२ + र^२ - ४ य + १० र + ४ = ०;\ ४ य + ३ र + त = ०.$

(४) $य^२ + र^२ = २ क य;\ य \text{ कोज् } अ + र \text{ ज्या } अ = त$।

(५) किस अवस्था में सरल रेखा $क य + ख र + ग = ०$ वृत्त $(य - ति)^२ + (र - थि)^२ = द^२$ को स्पर्श करेगी?

वृत्त $य^२ + र^२ = क^२$ के उस स्पर्शी का समीकरण ज्ञात करो जो

(६) याक्ष से $४५°$ का कोण बनाता है।

(७) सरल रेखा $र = त य + द$ के $\parallel$ है।

(८) मूलबिन्दु में से गुज़रता है।

(९) सरल रेखा $र = त य + द$ पर $\perp$ है।

(१०) अक्षों से एक $\triangle$ बनाता है जिसका क्षेत्रफल $\frac{१}{२} क^२$ है।

उस वृत्त का समीकरण ज्ञात करो जो

(११) सरल रेखा ७ य — २४ र + २ = ० को स्पर्श करता है और जिसका केन्द्र (०, —२) है।

(१२) सरल रेखा य — र + १ = ० को स्पर्श करता है, जिसकी त्रिज्या $\frac{१}{\sqrt{२}}$ है और जिसका केन्द्र सरल रेखा य + र + ३ = ० पर स्थित है।

(१३) अक्षों और सरल रेखा

$$\frac{य}{कि} + \frac{र}{खि} = १$$

को स्पर्श करता है।

(१४) बिन्दुओं (१, —२) और (२, —१) के मध्येन दो वृत्त खींचे गये हैं जो याक्ष को स्पर्श करते हैं। ज्ञात करो कि वह किस कोण पर एक दूसरे को काटते हैं।

(१५) उस वृत्त का समीकरण ज्ञात करो जिसका व्यास (०,०) और (२, —४) की संयोजक सरल रेखा है।

वृत्त के उन स्पर्शियों के समीकरण भी ज्ञात करो जो इस व्यास के समानान्तर हैं। (इ० बो० १९३७)

५.१७ वृत्त $य^2 + र^2 = क^2$ (१)

की सरल रेखा र = त·य + द (२)

पर अन्तःखण्डित जीवा की लम्बाई।

§ ५.१५ में हमने देखा है कि (१) और (२) के कटान बिन्दुओं के भुज समीकरण

$$(१ + त^२)\ य^२ + २\ त\ द\ य + (द^२ - क^२) = ०$$

के मूल हैं।

अतः यदि कटान बिन्दु पा $(य_१, र_१)$ और फा $(य_२, र_२)$ हैं तो

$$य_१ + य_२ = -\frac{२\ त\ द\ य}{१ + त^२}$$

और
$$य_१\ य_२ = \frac{द^२ - क^२}{१ + त^२}।$$

$$\therefore (य_१ - य_२)^२ = (य_१ + य_२)^२ - ४\ य_१\ य_२$$

$$= \frac{४\ त^२\ द^२\ य^२}{(१ + त^२)^२} - \frac{४(द^२ - क^२)}{१ + त^२}$$

$$= \frac{४\{त^२\ द^२\ य^२ - (द^२ - क^२)(१ + त^२)\}}{(१ + त^२)^२}।$$

$$\text{अतः}\quad य_१ - य_२ = \frac{२}{१ + त^२}\sqrt{क^२(१ + त^२) - द^२}\ ।$$

$$\text{अब}\ र_१ - र_२ = (त\ य_१ + द) - (त\ य_२ + द)$$

$$= त(य_१ - य_२)$$

$$\text{अतः पा फा} = \sqrt{(य_१ - य_२)^२ + (र_१ - र_२)^२}$$

$$= \sqrt{१ + त^२}(य_१ - य_२)$$

$$= २\sqrt{\frac{क^२(१ + त^२) - द^२}{१ + त^२}} = २\sqrt{क^२ - \frac{द^२}{१ + त^२}}$$

उदाहरण—जो जीवा वृत्त

$$य^२ + र^२ - ४\ य + ६\ र - ३ = ० \qquad (१)$$

सरल रेखा

$य + र = ३$ (२)

में से काटता है उसकी लम्बाई निकालो।

इस जीवा को व्यास मानकर खींचे गये वृत्त का समीकरण भी ज्ञात करो।

(१) और (२) के कटान बिन्दुओं के लिये

$य^2 + (३ - य)^2 - ४ य + ६ (३ - य) - ३ = ०,$

अर्थात् $य^2 - ८ य + १२ = ०,$

अर्थात् $(य - २)(य - ६) = ०,$

$\therefore य = २$ अथवा ६.

अतः (२) से $र = १$ अथवा -३.

अतएव कटान बिन्दु (२,१) और (६, −३) हैं।

$\therefore$ अन्तःखण्डित जीवा $= \sqrt{(६ - २)^2 + (-३ - १)^2} = ४\sqrt{२}$

अन्त में, इस जीवा को व्यास मानकर खींचे गये वृत्त का समीकरण

$(य - २)(य - ६) + (र - १)(र + ३) = ०,$

अर्थात् $य^2 + र^2 - ८ य + २ र + ६ = ०$

है।

प्रश्नावली ४१

(१) वृत्त $४(य^2 + र^2) = ५$ की सरल रेखा $२ य - ३ र + २ = ०$ पर अंतःखण्डित जीवा की लम्बाई निकालो।

(२) द का मान बताओ ताकि वृत्त $य^2 + र^2 = ४$ की सरल रेखा $र = त य + द$ पर अन्तःखण्डित जीवा की लम्बाई २ हो।

(३) उन सरल रेखाओं का समीकरण ज्ञात करो जो मूलबिन्दु को सरल रेखा $य - र = द$ और वृत्त $य^2 + र^2 + २\ य + २\ र + २ = ०$ के कटान बिन्दुओं से मिलाती हैं।

किस अवस्था में यह सरल रेखा वृत्त को स्पर्श करेगी ?

(४) जो जीवा सरल रेखा $\frac{य}{कि} + \frac{र}{खि} = १$

वृत्त $य^2 + र^2 = त्रि^2$

में से काटती है, उसकी लम्बाई निकालो।

(५) सरल रेखा $य\ कोज्या\ अ + र\ ज्या\ अ = प$

वृत्त $य^2 + र^2 = क^2$

को जा, झा पर काटती है। सिद्ध करो कि जा झा को व्यास मानकर खींचे गये वृत्त का समीकरण

$य^2 + र^2 - क^2 = २\ प(य\ कोज्या\ अ + र\ ज्या\ अ - प)$ है।

(इ० बो० १९४०)

५.५८ हम यह जानते हैं कि किसी वृत्त में एक समानान्तर जीवा संहति के मध्य बिन्दुओं की निधि वृत्त का वह व्यास होती है जो उन जीवाओं पर ⊥ हो।

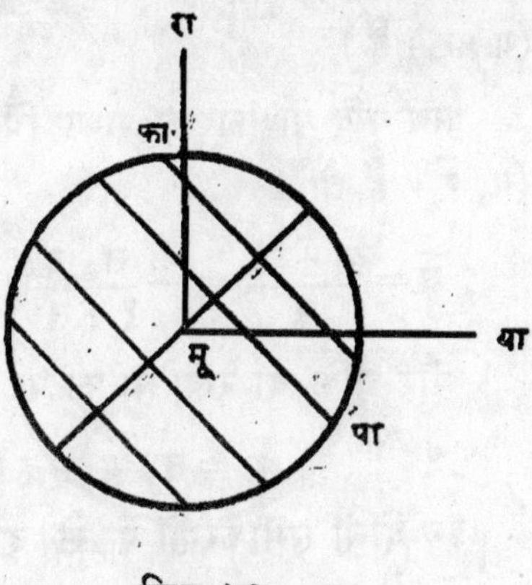

चित्र ५९

अब इसी साध्य को वैश्लेषिक ज्यामिति की विधि से सिद्ध करते हैं।

मान लो कि वृत्त का समीकरण

$$य^2 + र^2 = क^2 \qquad (१)$$

है और समानान्तर जीवाओं में से कोई एक पा फा है जिसका समीकरण

$$र = त\, य + द \qquad (२)$$

है।

संहति की समस्त जीवाओं के समीकरणों में त अभिन्न रहेगा, केवल द बदलता रहेगा।

§ ५.१५ की भाँति कटान बिन्दुओं पा, फा के भुज समीकरण

$$(१ + त^2)य^2 + २\, त\, द\, य + (द^2 - क^2) = ०$$

के मूल होंगे।

मान लो कि पा, फा के भुजयुग्म क्रमशः $(य_१, र_१)$ और $(य_२, र_२)$ हैं।

अब यदि पा फा का मध्य बिन्दु चा है जिसके भुजयुग्म $(\overline{य}, \overline{र})$ हैं तो

$$\overline{य} = \frac{य_१ + य_२}{२} = -\frac{त\, द}{१ + त^2}।$$

और चूँकि चा रेखा पा फा पर स्थित है,

$$\therefore \qquad \overline{र} = त\, \overline{य} + द।$$

इन दोनों समीकरणों में से द का विलोपन करने से और $\overline{य}$, $\overline{र}$ के स्थान पर क्रमशः य, र रखने से

$$य = -\frac{त(र - त य)}{१ + त^२}।$$

अतः अभीष्ट निधि य = −त र हो गई।

स्पष्ट है कि यह एक सरल रेखा है जो मूलबिन्दु में से गुज़रती है और जीवा (२) पर ⊥ है।

उपफल—इस निधि व्यास के सिरों पर जो स्पर्शी खींचे जायेंगे, जीवा संहति के समानान्तर होंगे।

उदाहरण—वृत्त $य^२ + र^२ = ९$ की उस जीवा का समीकरण ज्ञात करो जिसका मध्य बिन्दु (१, −२) है।

इस बिन्दु और मूलबिन्दु की संयोजक सरल रेखा

$$\frac{य}{१} = -\frac{र}{२},$$

अर्थात् २ य + र = ० है।

हमारी अभीष्ट जीवा इस सरल रेखा पर ⊥ है और बिन्दु (१, −२) में से गुज़रती है।

अतः उसका समीकरण

$$१(य - १) - २(र + २) = ०,$$

अर्थात् य − २ र − ६ = ०

है।

वास्तव में जीवा तो इस सरल रेखा के केवल उस भाग को कहेंगे जो वृत्त के अन्दर अन्तःखण्डित है परन्तु यह समीकरण इस सारी सरल रेखा को निरूपित करता है जिसपर जीवा स्थित है और जो दोनों ओर अनन्ती तक बढ़ाई जा सकती है।

प्रश्नावली ४२

(१) वृत्त $य^2 + र^2 = १६$ की उन जीवाओं के मध्य बिन्दुओं की निधि ज्ञात करो जो सरल रेखा $२ य = र$ के ‖ हैं।

(२) वृत्त $य^2 + र^2 + ४ य - ८ र + ११ = ०$ की उन जीवाओं के मध्य बिन्दुओं की निधि निकालो जो याक्ष से ४५° का कोण बनाती हैं।

(३) वृत्त $य^2 + र^2 = १२$ की उस जीवा का समीकरण ज्ञात करो जिसका मध्य बिन्दु $(-१, ३)$ है।

(४) वृत्त $य^2 + र^2 + २ छ य + २ च र + ग = ०$ की समानान्तर जीवाओं की उस संहति के मध्य बिन्दुओं की निधि ज्ञात करो जिनमें से एक का समीकरण $र = त य + द$ है।

(५) वृत्त $य^2 + र^2 = क^2$ की उस जीवा का समीकरण ज्ञात करो जिसका मध्य बिन्दु (टि, ठि) है।

(६) प्रश्न ४ के वृत्त की उस जीवा का समीकरण ज्ञात करो जिसका मध्य बिन्दु (टि, ठि) है।

(७) सरल रेखा $य - २ र + ३ = ०$ का जो भाग वृत्त $य^2 + र^2 = ४$ में अन्तःखण्डित है, उसका मध्य बिन्दु ज्ञात करो।

(८) सरल रेखा $२ य + ३ र - ५ = ०$ का जो भाग वृत्त $य^2 + र^2 - १० य + ८ र + ३ = ०$ में अन्तःखण्डित है, उसका मध्य बिन्दु ज्ञात करो।

(९) सिद्ध करो कि वृत्त $य^2 + र^2 = क^2$ की उन जीवाओं के मध्य बिन्दुओं की निधि जो मूलबिन्दु पर एक समकोण छेकती हैं, वृत्त $य^2 + र^2 = \frac{१}{२} क^2$ है।

(१०) वृत्त $य^2 + र^2 = क^2$ की उन जीवाओं के मध्य बिन्दुओं की निधि ज्ञात करो जो बिन्दु (टि, ठि) में से गुज़रती हैं।

(११) सिद्ध करो कि एक वृत्त की किसी जीवा के सिरों पर जो स्पर्शी खींचे जायेंगे उनका कटान बिन्दु उस व्यास पर होगा जो जीवा पर लम्ब है।

५.१९ (क) किसी बिन्दु सा ($य_1$, $र_1$) से वृत्त $य^2 + र^2 = क^2$ को खींचे गये स्पर्शी की लम्बाई।

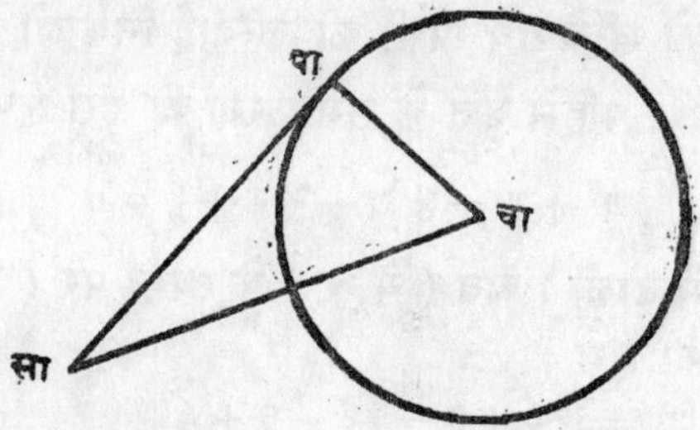

चित्र ६०

मान लो कि सा पा एक स्पर्शी है जो सा से वृत्त को खींचा गया है। मान लो कि वृत्त का केन्द्र चा है।

$$तो \quad सा\,पा^2 = सा\,चा^2 - चा\,पा^2$$

$$= य_1^2 + र_1^2 - क^2 ।$$

(ख) यदि वृत्त का समीकरण

$$य^2 + र^2 + 2\,छ\,य + 2\,च\,र + ग = 0$$

है तो इसका केन्द्र (−छ, −च) है और त्रिज्या $\sqrt{च^2 + छ^2 - ग}$।

$$अतः\; सा\,पा^2 = सा\,चा^2 - चा\,पा^2$$

$$= (य_1 + छ)^2 + (र_1 + च)^2 - (च^2 + छ^2 - ग)$$

$$= य_1^2 + र_1^2 + 2\,छ\,य_1 + 2\,च\,र_1 + ग ।$$

अतः स्पर्शी की लम्बाई निकालने के लिये वृत्त के समीकरण के बाम पक्ष में केवल य, र के स्थान पर क्रमशः $य_1$, $र_1$ रखना

है। परन्तु इससे पहिले $य^२$ और $र^२$ के गुणकों को इकाई कर लेना चाहिये।

उदाहरण—बिन्दु, (४, −३) से वृत्त

$$३य^२+३र^२-१२ य+६ र+८=०$$

को खींचे गये स्पर्शी की लम्बाई निकालो।

पहिले वृत्त के समीकरण को इस रूप

$$य^२+र^२-४ य+२ र+\frac{८}{३}=०$$

में ढालो। अब (य, र) के स्थान पर (२, −३) रखने से स्पर्शी का वर्ग

$$=१६+९-१६-६+\frac{८}{३}$$

$$=\frac{१४}{३}।$$

अतएव, स्पर्शी $=\sqrt{\frac{१४}{३}}$ ।

प्रश्नावली ४३

उस स्पर्शी की लम्बाई निकालो जो

(१) बिन्दु (१,६) से वृत्त $४(य^२+र^२)=३$ को खींचा गया है।

(२) बिन्दु (०,३) से वृत्त $३ य^२+३ र^२-४ य+६ र-३=०$ को खींचा गया है।

(३) बिन्दु (क,ख) से वृत्त $(य-त)^२+(र-थ)^२=च^२$ को खींचा गया है।

(४) उस बिन्दु की निधि ज्ञात करो जिससे वृत्तों

$$य^२+र^२-३ य+२ र+१=०$$

और $२ य^२+२ र^२-य+४र-२=०$

को खींचे गये स्पर्शी बराबर हैं।

(५) तीन वृत्त दिये हैं

$$य^{२} + र^{२} - १६\, य + ६० = ०,$$

$$३\, य^{२} + ३\, र^{२} - ३६\, य + ८१ = ०,$$

और $य^{२} + र^{२} - १६\, य - १२\, र - ८४ = ०,$

उस बिन्दु के भुजयुग्म ज्ञात करो जिससे तीनों वृत्तों को खींचे गये स्पर्शी बराबर हों। इस स्पर्शी की लम्बाई भी बताओ।

(का० हि० वि० १९३९)

(६) प्रश्न ४ में दिये हुये वृत्तों के बदले यदि वृत्त

$$य^{२} + र^{२} + २\, छ\, य + २\, च\, र + ग = ०$$

और $य^{२} + र^{२} + २\, छि\, य + २\, चि\, र + गि = ०$

हैं तो सम्वादी निधि ज्ञात करो।

(७) मूलबिन्दु से तीन वृत्तों

$$य^{२} + र^{२} - २\, ग_{१}\, य = द^{२},$$

$$य^{२} + र^{२} - २\, ग_{२}\, य = द^{२}$$

और $य^{२} + र^{२} - २\, ग_{३}\, य = द^{२}$

के केन्द्रों की दूरियाँ ज्यामितीय श्रेणी में हैं। सिद्ध करो कि वृत्त $य^{२} + र^{२} = द^{२}$ के किसी बिन्दु से इन वृत्तों को खींचे गये स्पर्शी भी ज्यामितीय श्रेणी में होंगे।

(८) एक बिन्दु इस प्रकार चलता है कि उससे वृत्त $य^{२} + र^{२} = क^{२}$ को खींचे गये स्पर्शी का वर्ग उसकी सरल रेखा $च\, य + छ\, र + ज = ०$ से दूरी का स —गुना होता है। बिन्दु की निधि निकालो।

५.२० किसी बिन्दु से किसी वृत्त को दो स्पर्शी खींचे जा सकते हैं।

मान लो कि वृत्त का समीकरण

$$य^2 + र^2 = क^2$$

है और बिन्दु के भुजयुग्म $(य_1, र_1)$ ।

वृत्त के किसी स्पर्शी का समीकरण

$$र = त\,य + क\sqrt{1 + त^2}\ ।$$

है ।

यदि यह स्पर्शी निर्दिष्ट बिन्दु $(य_1, र_1)$ में से गुज़रता है तो

$$र_1 = त\,य_1 + क\sqrt{1 + त^2}\ ।$$

अतः $\quad (र_1 - त\,य_1)^2 = क^2(1 + त^2),$

अर्थात् $\quad (य_1^2 - क^2)\ त^2 - 2\ त\ य_1\ र_1 + (र_1^2 - क^2) = 0. \quad (1)$

इस समीकरण से त के जो मान प्राप्त होंगे वह उन स्पर्शियों के त होंगे जो बिन्दु $(य_1, र_1)$ में से गुज़रते हैं ।

अब (१) एक वर्गात्मक समीकरण है, अतः इससे त के दो मान प्राप्त होंगे । इनमें से प्रत्येक मान के लिये एक सम्वादी स्पर्शी प्राप्त होगा । अतः वृत्त के दो स्पर्शी निर्दिष्ट बिन्दु में से गुज़रते हैं ।

समीकरण (१) के मूल वास्तविक और भिन्न, एकांगी अथवा काल्पनिक होंगे

यदि क्रमशः $य_1^2\, र_1^2 - (य_1^2 - क^2)\ (र_1^2 - क^2) \gtreqless 0,$

अर्थात् यदि $\quad क^2(य_1^2 + र_1^2 - क^2) \gtreqless 0,$

अर्थात् यदि $\quad य_1^2 + र_1^2 \gtreqless क^2$ ।

अतः, यदि $य_1^2 + र_1^2 > क^2$ अर्थात् यदि बिन्दु $(य_1, र_1)$ वृत्त के बाहर है तो उससे वृत्त को दो वास्तविक और भिन्न स्पर्शी खींचे जा सकते हैं।

यदि $य_1^2 + र_1^2 = क^2$ तो बिन्दु $(य_1, र_1)$ वृत्त पर स्थित है और बिन्दु में से दो एकांगी स्पर्शी वृत्त को खींचे जा सकते हैं। इसी को बिन्दु पर का स्पर्शी कहते हैं।

यदि $य_1^2 + र_1^2 < क^2$ तो बिन्दु $(य_1, र_1)$ वृत्त के अन्दर स्थित है और ज्यामितीय विधि से बिन्दु से वृत्त को कोई स्पर्शी नहीं खींचा जा सकता। ऐसी स्थिति में हम यह कहेंगे कि बिन्दु से वृत्त को खींचे गये स्पर्शी काल्पनिक हैं।

५.२१ सम्पर्क जीवा—यदि किसी वृत्त के बाहर के किसी बिन्दु सा से वृत्त को दो स्पर्शी सा पा, सा फा खींचे जायँ तो सरल रेखा पा फा को सा से खींचे गये स्पर्शियों की सम्पर्क जीवा कहते हैं।

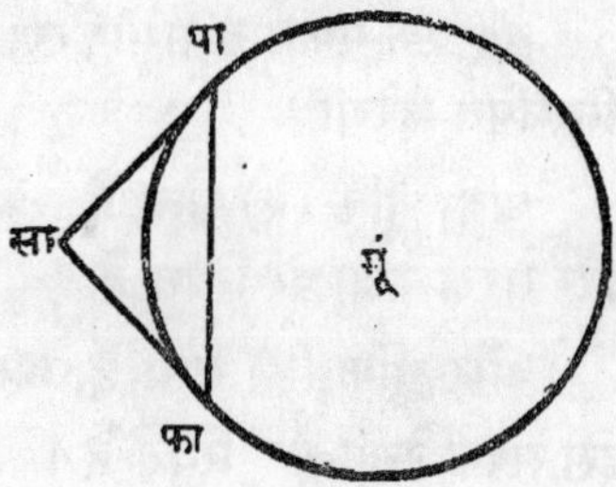

चित्र ६१

बिन्दु सा $(य_1, र_1)$ से वृत्त

$$य^2 + र^2 = क^2$$

को खींचे गये स्पर्शियों की सम्पर्क जीवा का समीकरण निकालना है।

मान लो कि पा, फा के भुजयुग्म क्रमशः (टि, ठि) और (टो, ठो) हैं।

पा पर के स्पर्शी का समीकरण

$$टि\, य + ठि\, र = क^2 \qquad (1)$$

है। और फा पर के स्पर्शी का समीकरण

$$\text{टो य} + \text{ठो र} = \text{क}^2 \quad (२)$$

है।

यह स्पर्शी सा में से गुज़रते हैं, अतः उसके भुजयुग्म (य_1, र_1) (१) और (२) को सन्तुष्ट करेंगे।

$$\text{अतः} \quad \text{टि } \text{य}_1 + \text{ठि } \text{र}_1 = \text{क}^2 \quad (३)$$

$$\text{और} \quad \text{टो } \text{य}_1 + \text{ठो } \text{र}_1 = \text{क}^2 \quad (४)$$

अब, समीकरण

$$\text{य}_1 \text{ य} + \text{र}_1 \text{ र} = \text{क}^2 \quad (५)$$

पर विचार करो।

यह एक एकघात समीकरण है, अतः किसी सरल रेखा को निरूपित करेगा।

अब, चूँकि (३) सत्य है, अतः बिन्दु (टि, ठि) अर्थात् पा इस सरल रेखा पर स्थित है।

और चूँकि (४) सत्य है, अतः बिन्दु (टो, ठो) अर्थात् फा भी इस सरल रेखा पर स्थित है।

∴ दोनों बिन्दु पा और फा सरल रेखा (५) पर स्थित हैं।

अतएव (५) सम्पर्क ज़ीवा पा फा का समीकरण है।

स्पष्ट है कि सम्पर्क जीवा के समीकरण का वही रूप है जो स्पर्शी के समीकरण का है यदि बिन्दु (य_1, र_1) वृत्त पर स्थित हो।

यदि बिन्दु (य_1, र_1) वृत्त के अन्दर स्थित हो तो उस से वृत्त को खींचे गये स्पर्शी काल्पनिक होंगे। परन्तु फिर भी सरल रेखा (५) वास्तविक होगी। यह उन काल्पनिक बिन्दुओं को जोड़ेगी जिन पर बिन्दु से खींचे गये काल्पनिक स्पर्शी वृत्त को छूते हैं।

इसी प्रकार हम सिद्ध कर सकते हैं कि यदि वृत्त का समीकरण

$$य^2 + र^2 + २ छ य + २ च र + ग = ० \qquad (६)$$

हो तो बिन्दु ($य_1$, $र_1$) से खींचे गये स्पर्शियों की सम्पर्क जीवा का समीकरण

$$य_1 य + र_1 र + घ (य + य_1) + च(र + र_1) + ग = ० \qquad (७)$$

होगा।

प्रश्नावली ४४

उन स्पर्शियों की सम्पर्क जीवा का समीकरण ज्ञात करो जो

(१) बिन्दु (४, −५) से वृत्त $य^2 + र^2 = ६$ को खींचे जा सकते हैं।

(२) बिन्दु (१, −२) से वृत्त $य^2 + र^2 − ६ य + ४ र + २ = ०$ को खींचे जा सकते हैं।

(३) बिन्दु (क, ख) से वृत्त $य^2 + र^2 − क य − ख र = ०$ को खींचे जा सकते हैं।

(४) बिन्दु (६, − ३) से वृत्त $य^2 + र^2 = १६$ को खींचे जा सकते हैं। सम्पर्क जीवा की मध्य बिन्दु ज्ञात करो।

(५) प्रश्न १ में सम्पर्क जीवा की लम्बाई ज्ञात करो।

(६) सिद्ध करो कि निर्दिष्ट बिन्दु और वृत्त के केन्द्र की संयोजक सरल रेखा सम्पर्क जीवा को अधियाती है।

(७) किस अवस्था में वृत्त $य^2 + र^2 = क^2$ को बिन्दु ($य_1$, $र_1$) से खींचे गये स्पर्शियों की सम्पर्क जीवा मूलबिन्दु पर एक समकोण छेकेगी?

(८) एक निर्दिष्ट सरल रेखा के किसी बिन्दु से एक निर्दिष्ट वृत्त को स्पर्शी खींचे गये हैं। सिद्ध करो कि सम्पर्क जीवा के मध्य बिन्दु की निधि एक अन्य वृत्त है।

५.२२ ध्रुव और ध्रुवी—मान लो कि किसी बिन्दु सा से—जो एक वृत्त के अन्दर या बाहर स्थित है—एक सरल रेखा खींची गई है जो वृत्त को पा, फा पर काटती है। तो पा, फा के मध्येन खींचे गये स्पर्शियों के कटान बिन्दु की निधि को सा की ध्रुवी कहते हैं। और सा को उस निधि का ध्रुव कहेंगे।

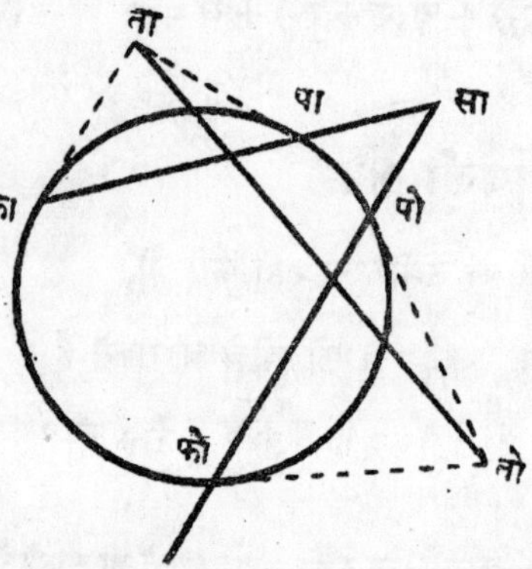

चित्र ६२ क

वृत्त $य^2 + र^2 = क^2$ के अनुसार बिन्दु सा $(य_1, र_1)$ की ध्रुवी का समीकरण।

मान लो कि पा, फा पर के स्पर्शियों का कटान बिन्दु ता (टि, ठि) है। तो पा फा बिन्दु ता की सम्पर्क जीवा हुई।

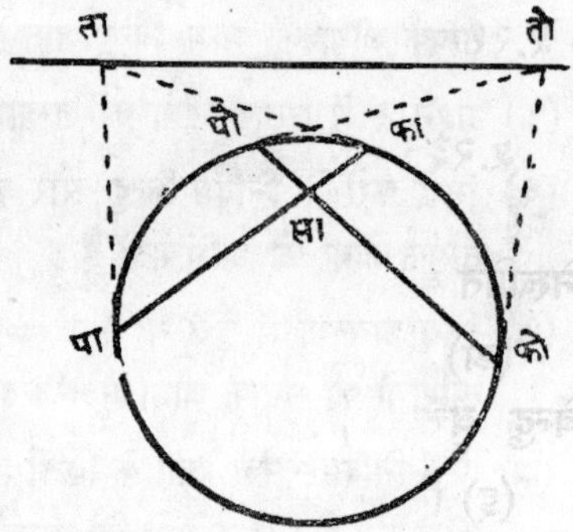

चित्र ६२ ख

अतः पा फा का समीकरण

$$\text{टि य} + \text{ठि र} = \text{क}^2$$

हुआ।

परन्तु यह सरल रेखा बिन्दु (य_1, र_1) में से गुजरती है। अतः

$$\text{टि य}_1 + \text{ठि र}_1 = \text{क}^2 \text{।} \quad (१)$$

अब मान लो कि सा के मध्येन जाने वाली एक अन्य सरल रेखा वृत्त को पो फो पर काटती है और पो फो का सम्वादी बिन्दु तो (ट्टु, ठु) है। तो इसी प्रकार हमें समीकरण

$$\text{ट्टु य}_1 + \text{ठु र}_1 = \text{क}^2$$

प्राप्त होगा। (२)

(१) और (२) से स्पष्ट है कि बिन्दु (टि, ठि) और (ट्टु, ठु) सरल रेखा

$$\text{य}_1 \text{ य} + \text{र}_1 \text{ र} = \text{क}^2$$

पर स्थित हैं।

अतः (य_1, र_1) की ध्रुवी यही सरल रेखा हुई।

इसी प्रकार हम सिद्ध कर सकते हैं कि यदि वृत्त का समीकरण § ५.२१ का (६) है तो (य_1, र_1) की ध्रुवी (७) होगी।

५.२३ हमने देखा है कि एक ही समीकरण

$$\text{य}_1 \text{ य} + \text{र}_1 \text{ र} = \text{क}^2$$

निरूपित करता है:—

(अ) वृत्त के बिन्दु (य_1, र_1) पर खींचे गये स्पर्शी को, यदि बिन्दु वृत्त पर स्थित हो।

(इ) बिन्दु (य_1, र_1) से वृत्त को खींचे गये स्पर्शियों की सम्पर्क जीवा को।

(उ) वृत्त के अनुसार बिन्दु $(य_1, र_1)$ की ध्रुवी को।

यदि बिन्दु वृत्त पर स्थित है तो उसके मध्येन खींचे गये दोनों स्पर्शी, सम्पर्क जीवा और ध्रुवी सब एकांगी हैं।

यदि बिन्दु वृत्त पर स्थित नहीं है तो बिन्दु पर खींचे गये स्पर्शी का कोई अर्थ नहीं है। सम्पर्क जीवा और ध्रुवी एकांगी हैं।

यदि बिन्दु वृत्त के बाहर है तो सम्पर्क जीवा और ध्रुवी दोनों का ज्यामितीय महत्व है।

यदि बिन्दु वृत्त के अन्दर है तो ध्रुवी का ज्यामितीय महत्व है, सम्पर्क जीवा का नहीं है।

५.२४ किसी बिन्दु की ध्रुवी के लिये ज्यामितीय रचना।

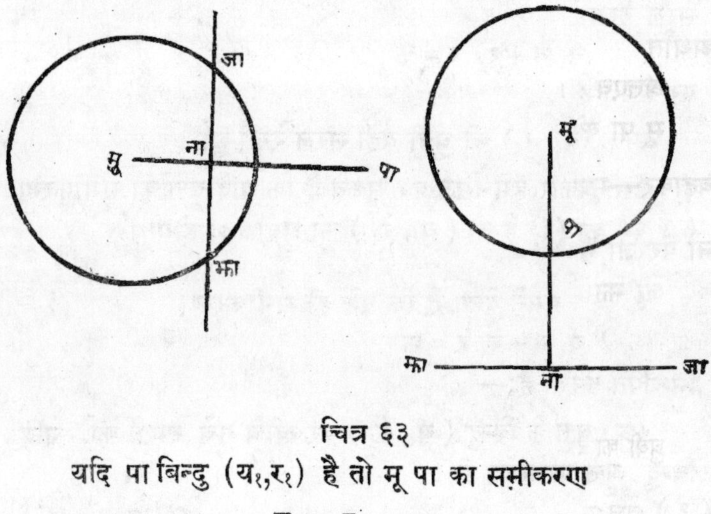

चित्र ६३

यदि पा बिन्दु $(य_1, र_1)$ है तो मू पा का समीकरण

$$\frac{य}{य_1} = \frac{र}{र_1}$$

अर्थात् $र_1 य - य_1 र = ०$ (१)

है ।

और पा की ध्रुवी का समीकरण

$$य_1 य + र_1 र = क^2 \qquad (२)$$

है । स्पष्ट है कि (१) ⊥ (२).

इसके अतिरिक्त मू से (२) पर डाले गये लम्ब की लम्बाई $\dfrac{क^2}{\sqrt{य_1^2 + र_1^2}}$ है ।

अतः यदि मू ना ⊥ (२) तो

$$मू\ ना = \frac{क^2}{\sqrt{य_1^2 + र_1^2}} = \frac{क^2}{मू\ पा},$$

अर्थात् $मू\ ना.\ मू\ पा = क^2$ ।

अतएव पा की ध्रुवी के लिये यह रचना प्राप्त हुई:—

मू पा को जोड़ो और मू पा में से—यदि आवश्यकता हो तो बढ़ाकर—मूना काट लो $\dfrac{क^2}{मू\ पा}$ के बराबर । अब ना के मध्येन म ना पर जा झा लम्ब डालो ।

जा झा ही अभीष्ट ध्रुवी होगी ।

प्रश्नावली ४५

ध्रुवी का समीकरण ज्ञात करो

(१) वृत्त $य^2 + र^2 = ८$ के अनुसार बिन्दु (१,७) की ।

(२) वृत्त $३य^2 + ३र^2 = ११$ के अनुसार बिन्दु (−१, −१) की ।

(३) वृत्त $य^2 + र^2 - ४ य + २ र - ७ = ०$ के अनुसार बिन्दु (२,४) की।

(४) वृत्त $य^2 + र^2 - २ क य कोज्_{द्य} - २ क र ज्या क्ष = ०$ के अनुसार बिन्दु (२क, २क) की।

(५) वृत्त $य^2 + र^2 + २ ठ य + २ ट र + द = ०$ के अनुसार मूल-बिन्दु की।

(६) प्रश्न ३ के वृत्त में ध्रुवी के अन्तःखण्डित भाग की लम्बाई निकालो।

(७) सिद्ध करो कि वृत्तों $य^2 + र^2 + २ य + २ र + १ = ०$ और $य^2 + र^2 + ६ य - २२ र - ५ = ०$ के अनुसार बिन्दु $(-\frac{१}{२}, -\frac{३}{४})$ की ध्रुवियाँ एकांगी हैं।

(८) यदि वृत्त $य^2 + र^2 = क^2$ के अनुसार खींची गई बिन्दु $(य_१, र_१)$ की ध्रुवी वृत्त $(य - क)^2 + र^2 = क^2$ को स्पर्श करती है तो सिद्ध करो कि $(य_१, र_१)$ उस वक्र पर स्थित है जिसका समीकरण $र^2 + २ क य = क^2$ है।

(इ० बो० १९३८)

(९) सिद्ध करो कि वृत्त $य^2 + र^2 = क^2$ के अनुसार बिन्दु (प,फ) की ध्रुवी वृत्त

$$(य - द)^2 + (र - ध)^2 = ख^2$$

को स्पर्श करेगी यदि

$$ख^2(प^2 + फ^2) = (क^2 - द प - ध फ)^2 ।$$

(इ० बो० १९४०)

———

५.२४ किसी वृत्त के अनुसार एक निर्दिष्ट सरल रेखा का ध्रुव ज्ञात करना।

मान लो कि सरल रेखा का समीकरण

$$ट\, य + ठ\, र + ड = ० \qquad (१)$$

है।

(कं) मान लो कि वृत्त का समीकरण

$$य^२ + र^२ = क^२$$

है, और अभीष्ट ध्रुव $(य_१, र_१)$।

तो (१) बिन्दु $(य_१, र_१)$ की ध्रुवी हुई, अर्थात् (१) और समीकरण

$$य_१\, य + र_१\, र = क^२ \qquad (२)$$

अभिन्न हैं।

(१) और (२) के गुणकों की तुलना से,

$$\frac{य_१}{ट} = \frac{र_१}{ठ} = -\frac{क^२}{ड}।$$

$$अतः\ \ य_१ = -\frac{ट}{ड}क^२\ \ और\ र_१ = -\frac{ठ}{ड}क^२,$$

$$अर्थात्\ हमारा\ अभीष्ट\ ध्रुव \left(-\frac{ट}{ड}क^२, -\frac{ठ}{ड}क^२\right) हुआ।$$

(खं) मान लो कि वृत्त का समीकरण

$$य^२ + र^२ + २\, छ\, य + २\, च\, र + ग = ०$$

है और अभीष्ट ध्रुव $(य_१, र_१)$

तो (१) और समीकरण

$$य_१ य + र_१ र + छ(य + य_१) + च(र + र_१) + ग = ०,$$

अर्थात् $(य_१ + छ) य + (र_१ + च) र + (छ य_१ + च र_१ + ग) = ०$ अभिन्न हैं।

(१) और (३) के गुणकों की तुलना से,

$$\frac{य_१ + छ}{ट} = \frac{र_१ + च}{ठ} = \frac{छ य_१ + च र_१ + ग}{ड}।$$

इन समीकरणों को हल करने से $य_१$, $र_१$ के मान निकल आयेंगे।

उदाहरण—वृत्त

$$३ य^२ + ३ र^२ - ४ य + ६र + २ = ० \qquad (१)$$

के अनुसार सरल रेखा

$$य - ३ र - ६ = ० \qquad (२)$$

का ध्रुव ज्ञात करो।

यदि अभीष्ट ध्रुव $(य_१, र_१)$ है तो (२) और समीकरण

$$३ य_१ य + ३ र_१ र - २(य + य_१) + ३(र + र_१) + २ = ०,$$

अर्थात् $(३य_१ - २) य + (३र_१ + ३) र - (२य_१ - ३र_१ - २) = ०$ अभिन्न हैं। अतः गुणकों की तुलना से

$$\frac{३ य_१ - २}{१} = \frac{३ र_१ + ३}{-३} = \frac{२ य_१ - ३ र_१ - २}{६}।$$

इन समीकरणों को हल करने से $य_१ = १$, $र_१ = -२$। अतः अभीष्ट ध्रुव $(१, -२)$ है।

इस प्रश्न की प्रतिज्ञा को हम इस प्रकार भी लिख सकते हैं:—

वृत्त के उन बिन्दुओं पर स्पर्शी खींचे गये हैं जिनमें निर्दिष्ट सरल रेखा उसको काटती है। स्पर्शियों का कटान बिन्दु ज्ञात करो।

प्रश्नावली ४६

ध्रुव ज्ञात करो

(१) वृत्त $य^२ + र^२ = २५$ के अनुसार सरल रेखा $य + र + १ = ०$ का।

(२) वृत्त $५य^२ + ५र^२ = १६$ के अनुसार सरल रेखा $३य - र + ६ = ०$ का।

(३) वृत्त $२य^२ + २र^२ - ६य - ८र + ९ = ०$ के अनुसार सरल रेखा $२य + ३र + ४ = ०$ का।

(४) वृत्त $य^२ + र^२ + २छ य + २च र + ग = ०$ के अनुसार यात्त का।

(५) वृत्त $य^२ + र^२ = १६$ के उन बिन्दुओं पर स्पर्शी खींचे गये हैं जिन पर वह सरल रेखा $४य + ७र + १४ = ०$ को काटता है। स्पर्शियों का कटान बिन्दु ज्ञात करो।

(६) वृत्त $य^२ + र^२ = १२$ के उन बिन्दुओं पर स्पर्शी खींचे गये हैं जिन पर वह वृत्त $य^२ + र^२ - ५य + ३र - ३ = ०$ को काटता है। स्पर्शियों का कटान बिन्दु ज्ञात करो।

(का० हि० वि० १९३४)

(७) यदि वृत्त $य^२ + र^२ = द^२$ के अनुसार किसी सरल रेखा का ध्रुव वृत्त $य^२ + र^२ = ९द^२$ पर स्थित है तो सिद्ध करो कि सरल रेखा वृत्त $थ^२ + र^२ = \frac{द^२}{९}$ को स्पर्श करेगी। (इ० बो० १९३६)

(८) एक वृत्त, केन्द्र मू, के अनुसार दो बिन्दुओं पा, फा की ध्रुवियाँ क्रमशः का खा और गा घा हैं। सिद्ध करो कि

$$\frac{\text{पा से गा घा पर } \perp}{\text{फा से का खा पर } \perp} = \frac{\text{मू पा}}{\text{मू फा}} \text{ ।}$$

५.२५ यदि बिन्दु पा की ध्रुवी फा में से गुज़रती है तो फा की ध्रुवी पा में से गुज़रेगी।

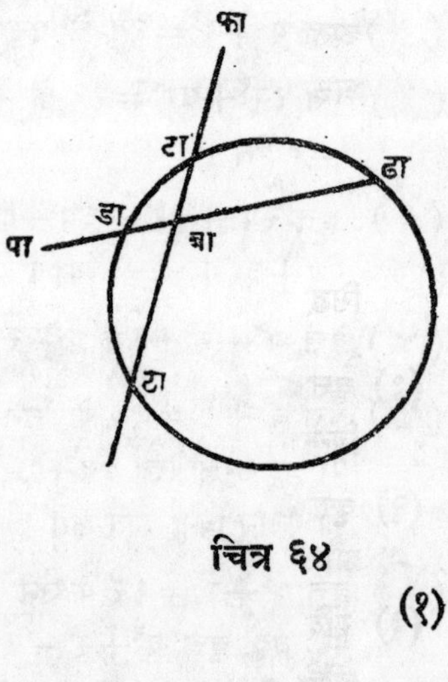

चित्र ६४

मान लो कि पा, फा के भुजयुग्म क्रमशः $(\text{य}_1, \text{र}_1)$ और $(\text{य}_2, \text{र}_2)$ हैं और वृत्त का समीकरण $\text{य}^2 + \text{र}^2 = \text{क}^2$ है।

तो पा की ध्रुवी

$$\text{य}_1 \text{ य} + \text{र}_1 \text{ र} = \text{क}^2$$

है। यदि यह बिन्दु $(\text{य}_2, \text{र}_2)$ में से गुज़रती है तो

$$\text{य}_1 \text{ य}_2 + \text{र}_1 \text{ र}_2 = \text{क}^2 \text{ ।} \qquad (१)$$

और फा की ध्रुवी

$$\text{य}_2 \text{ य} + \text{र}_2 \text{ र} = \text{क}^2 \qquad (२)$$

है।

अब (१) से स्पष्ट है कि बिन्दु $(\text{य}_1, \text{र}_1)$ (२) पर स्थित है।

ऐसे दो बिन्दुओं को जो एक दूसरे की ध्रुवी पर स्थित हों, अनुबद्ध बिन्दु कहते हैं।

उप-प्रमेय—यदि पा, फा की ध्रुवियों का कटान बिन्दु बा है तो बा की ध्रुवी पा फा होगी।

उदाहरण—सिद्ध करो कि बिन्दु (१,२) और (०, ३) वृत्त

$$य^2+र^2+१२य-६ र+३=०$$

के अनुसार अनुबद्ध बिन्दु हैं।

बिन्दु (१,२) की ध्रुवी ७ य $-$ र $+$ ३ $=$ ० है।

और बिन्दु (०, ३) इस पर स्थित है।

अतः बिन्दु (१, २) भी (०, ३) की ध्रुवी पर स्थित होगा।

अतएव (१, २) और (०, ३) अनुबद्ध बिन्दु हैं।

प्रश्नावली ४७

सिद्ध करो कि

(१) वृत्त $य^2+र^2=१८$ के अनुसार (२, $-$३) और (१२,२) अनुबद्ध बिन्दु हैं।

(२) वृत्त $य^2+र^2+६\,य-१४\,र+११=०$ के अनुसार (४, $-$२) और ($-$४, १) अनुबद्ध बिन्दु हैं।

(३) यदि दो बिन्दु किसी वृत्त के अनुसार अनुबद्ध हैं तो उनसे वृत्त को खींचे गये स्पर्शियों के वर्गों का योग उनकी मध्यस्थ दूरी के वर्ग के बराबर होगा।

(४) बिन्दु (१, ७) और (य, $-$४) वृत्त $य^2+र^2-४\,य+१४\,र+३=०$ के अनुसार अनुबद्ध हैं। य का मान निकालो।

(५) उस बिन्दु की निधि ज्ञात करो दो निर्दिष्ट वृत्तों के अनुसार जिसकी ध्रुवियाँ एक अन्तल कोण अ पर मिलती हैं।

(६) यदि ण एक चल राशि है तो सिद्ध करो कि वृत्त $य^2+र^2+२ णय +द^2=०$ के अनुसार किसी स्थिर बिन्दु की ध्रुवी एक अन्य स्थिर बिन्दु के मध्येन जायगी।

५.२६ पिछले प्रकरण के साध्य को हम इन शब्दों में भी लिख सकते हैं:—

यदि टा ठा का ध्रुव डा ढा पर स्थित है तो डा ढा का ध्रुव टा ठा पर स्थित होगा।

ऐसी दो सरल रेखाओं को वृत्त के अनुसार **अनुबद्ध रेखायें** कहते हैं।

उदाहरण—सिद्ध करो कि वृत्त $य^2+र^2=७$ के अनुसार सरल रेखायें

$$२य-र-७=० \qquad (१)$$

और

$$य-र-३=० \qquad (२)$$

अनुबद्ध हैं।

यदि (१) का ध्रुव $(य_१, र_१)$ है तो (१) और समीकरण

$$य_१ य+र_१ र-७=०$$

अभिन्न हैं।

अतः $य_१=२, र_१=-१.$

अब, बिन्दु (२, −१) सरल रेखा (२) पर स्थित है।

अतः (२) का ध्रुव (१) पर स्थित होगा।

∴ सरल रेखायें (१) और (२) अनुबद्ध हैं।

प्रश्नावली ४८

सिद्ध करो कि

(१) सरल रेखायें $३य-२र=११$ और $२य-र=८$ वृत्त $य^२+र^२=११$ के अनुसार अनुबद्ध हैं।

(२) सरल रेखायें $र=४$ और $य-२र+१३=०$ वृत्त $य^२+र^२+६य-४र+७=०$ के अनुसार अनुबद्ध हैं।

(३) याक्ष और सरल रेखा $७य-२र+७=०$ वृत्त $य^२+र^२+२य-४र+१=०$ के अनुसार अनुबद्ध हैं।

(४) आश्रय अक्ष वृत्त $य^२+र^२-८य+१०र+१५=०$ के अनुसार अनुबद्ध हैं।

(५) वृत्त $य^२+र^२=द^२$ के अनुसार एक सरल रेखा का ध्रुव सदैव सरल रेखा $\frac{य}{कि}+\frac{र}{खि}=१$ पर स्थित रहता है। सिद्ध करो कि सरल रेखा सदैव एक स्थिर बिन्दु के मध्येन जाती है।

५.२७ किसी बिन्दु से किसी वृत्त को खींचे गये स्पर्शियों का समीकरण।

मान लो कि सा(य$_1$,र$_1$) निर्दिष्ट बिन्दु है और

$$य^2+र^2=क^2 \quad (१)$$

निर्दिष्ट वृत्त है।

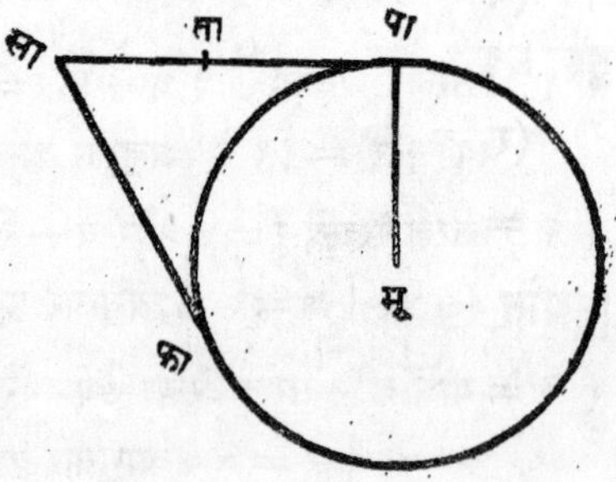

चित्र ६५

मान लो कि विचाराधीन स्पर्शी सा पा, सा फा हैं और ता (टि, ठि) उनमें से किसी एक पर कोई बिन्दु है।

अब, सरल रेखा सा पा, जो बिन्दुओं (य$_1$, र$_1$) और (टि, ठि) को मिलाती है, का समीकरण

$$\frac{य-य_1}{टि-य_1}=\frac{र-र_1}{ठि-र_1},$$

अर्थात् $(ठि-र_1)य-(टि-य_1)र+टि\,र_1-ठि\,य_1=0$ हुआ।

परन्तु यह सरल रेखा वृत्त (१) का एक स्पर्शी है।

अतः वृत्त के केन्द्र से इस सरल रेखा पर डाला गया लम्ब वृत्त की त्रिज्या के बराबर होगा।

$$\therefore \quad \frac{टि\,र_1-ठि\,य_1}{\sqrt{(ठि-र_1)^2+(टि-य_1)^2}}=क।$$

अतः $(\text{टि}\ \text{र}_1 - \text{ठि}\ \text{य}_1)^2 = \text{क}^2 \{(\text{ठि} - \text{र}_1)^2 + (\text{टि} - \text{य}_1)^2\}$।

अतएव बिन्दु (टि, ठि) की निधि

$$(\text{य}\ \text{र}_1 - \text{र}\ \text{य}_1)^2 = \text{क}^2 \{(\text{र} - \text{र}_1)^2 + (\text{य} - \text{य}_1)^2\}$$

हुई। इस समीकरण को हम इस रूप

$$(\text{र}_1^2 - \text{क}^2)\,\text{य}^2 + (\text{य}_1^2 - \text{क}^2)\,\text{र}^2 - \text{क}^2(\text{य}_1^2 + \text{र}_1^2)$$

$$= 2\ \text{य}\ \text{र}\ \text{य}_1\ \text{र}_1 - 2\ \text{क}^2\ \text{य}\ \text{य}_1 - 2\ \text{क}^2\ \text{र}\ \text{र}_1,$$

अर्थात् $(\text{य}_1^2 + \text{र}_1^2 - \text{क}^2)(\text{य}^2 + \text{र}^2 - \text{क}^2)$

$$= \text{य}_1^2\ \text{य}^2 + \text{र}_1^2\ \text{र}^2 + 2\ \text{य}\ \text{र}\ \text{य}_1\ \text{र}_1 - 2\text{क}^2\ \text{य}_1\ \text{य} - 2\text{क}^2\ \text{र}_1\ \text{र} + \text{क}^4$$

में भी लिख सकते हैं।

अतः स्पर्शियों सा पा, सा फा का समीकरण

$$(\text{य}_1^2 + \text{र}_1^2 - \text{क}^2)(\text{य}^2 + \text{र}^2 - \text{क}^2) = (\text{य}_1\ \text{य} + \text{र}_1\ \text{र} - \text{क}^2)^2$$

हुआ।

इसी प्रकार हम सिद्ध कर सकते हैं कि यदि वृत्त का समीकरण

$$\text{य}^2 + \text{र}^2 + 2\ \text{छ}\ \text{य} + 2\ \text{च}\ \text{र} + \text{ग} = 0$$

है तो सम्वादी स्पर्शियों का समीकरण

$$\{\text{य}_1^2 + \text{र}_1^2 + 2\ \text{छ}\ \text{य}_1 + 2\ \text{च}\ \text{र}_1 + \text{ग}\}\{\text{य}^2 + \text{र}^2 + 2\ \text{छ}\ \text{य} + 2\ \text{च}\ \text{र} + \text{ग}\}$$

$$= \{\text{य}_1\ \text{य} + \text{र}_1\ \text{र} + \text{छ}(\text{य} + \text{य}_1) + \text{च}(\text{र} + \text{र}_1) + \text{ग}\}^2$$

होगा।

अतएव, यदि किसी वृत्त का समीकरण फ (य, र) = ० है और उस वृत्त के अनुसार बिन्दु $(\text{य}_1, \text{र}_1)$ की ध्रुवी पु = ० है तो स्पर्शियों का समीकरण

फ $(य_१, र_१)$ फ $(य, र) = पु^२$

होगा।

उदाहरण—वृत्त $य^२ + र^२ = ९$ को बिन्दु (४, −१) से खींचे गये स्पर्शियों का समीकरण

$$(४^२ + १^२ - ९)(य^२ + र^२ - ९) = (४ य - र - ९)^२,$$

अर्थात् $१२ य^२ - ८ यर - ७ र^२ - ७२ य + १८ र + १५३ = ०$

है।

प्रश्नावली ४९

उन स्पर्शियों का समीकरण ज्ञात करो जो

(१) बिन्दु (५, ४) से वृत्त $य^२ + र^२ = १$ को खींचे जा सकते हैं।

(२) बिन्दु (३, −४) से वृत्त $य^२ + र^२ + २ य + २ र = ०$ को खींचे जा सकते हैं।

(३) मूलबिन्दु से वृत्त $य^२ + र^२ + २ छ य + २ च र + ग = ०$ को खींचे जा सकते हैं।

(४) सिद्ध करो कि बिन्दु (१, १) से वृत्त $य^२ + र^२ = ७$ को कोई वास्तविक स्पर्शी नहीं खींचा जा सकता।

(५) बिन्दु (त, थ) से वृत्त $य^२ + र^२ = क^२$ को स्पर्शी खींचे गये हैं। इन स्पर्शियों और बिन्दु की सम्पर्क जीवा से बने $\triangle$ का क्षेत्रफल ज्ञात करो।

५. २८ मान लो कि वृत्त

$य^2 + र^2 = क^2$ (१)

पर पा कोई बिन्दु है।

यदि ∠ पा मू पो = अ

तो मू पो = क कोज् अ और

पो पा = क ज्या अ।

अतः बिन्दु पा के भुजयुग्म हम इस प्रकार (क कोज् अ, क ज्या अ) लिख सकते हैं।

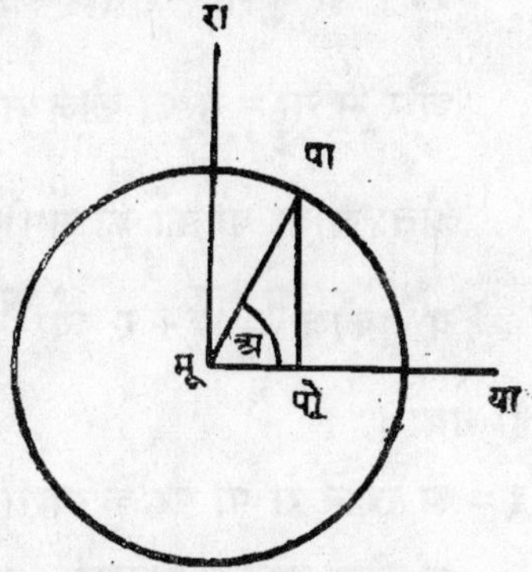

साधारणतया हम वृत्त (१) पर के किसी बिन्दु के भुजयुग्म ($य_1$, $र_1$) लेते हैं और उनमें परस्पर

चित्र ६६

यह सम्बन्ध $य_1^2 + र_1^2 = क^2$ होता है। ऊपर लिखी पद्धति में यह लाभ है कि इन नियामकों (क कोज् अ, क ज्या अ) में दो के स्थान पर केवल एक ही विचल प्राचल—अ—है।

संक्षेप में, हम बिन्दु पा को बिन्दु 'अ' कहेंगे।

अब मान लो कि वृत्त (१) पर पा, फा कोई दो बिन्दु 'अ' और 'इ' हैं।

मू से मू ना लम्ब डालो पा फा पर।

अब, ∠ ना मू पा = ∠ फा मू ना,

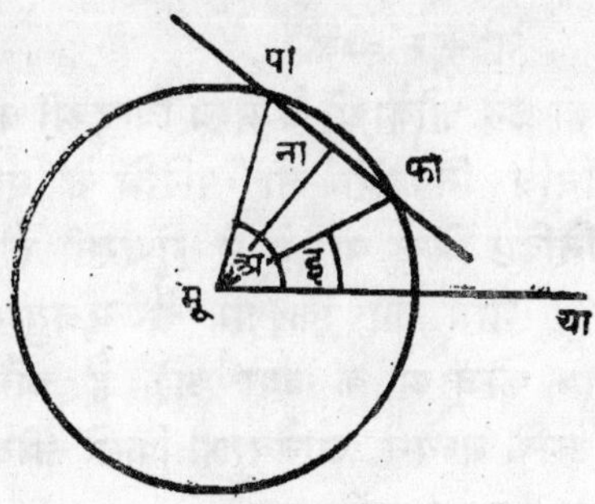

चित्र ६७

अर्थात् अ − या मू ना = या मू ना − इ

$\therefore$ या मू ना $= \frac{१}{२}$ (अ + इ)।

और मू ना = मू पा कोज् ना मू पा = क कोज् $\frac{अ - इ}{२}$।

अतः जीवा पा फा का समीकरण

$$य \text{ कोज्} \frac{अ + इ}{२} + र \text{ ज्या} \frac{अ + इ}{२} = क \text{ कोज्} \frac{अ - इ}{२}$$

हो गया।

इ = अ रखने से पा पर के स्पर्शी का समीकरण

$$य \text{ कोज्} \, अ + र \text{ ज्या} \, अ = क$$

प्राप्त हो गया।

यह समीकरण हमें § ५.११ में $य_१$, $र_१$ के स्थान पर क्रमशः क कोज् अ, क ज्या अ रखने से भी प्राप्त हो सकता है।

उदाहरण—वृत्त

$$य^२ + र^२ = क^२$$

की उन जीवाओं के मध्य बिन्दुओं की निधि निकालो जो परिधि के एक निर्दिष्ट बिन्दु पा में से गुज़रती हैं।

मान लो कि पा के भुजयुग्म (क कोज् अ, क ज्या अ) हैं और उसके मध्येन जानेवाली किसी जीवा पा फा का समीकरण

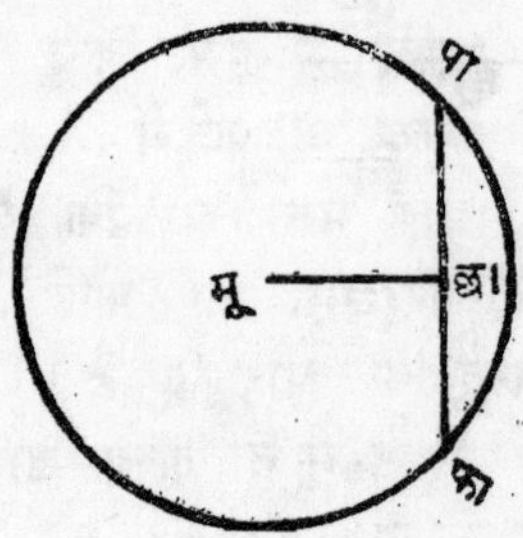

चित्र ६८

$$र - क \text{ ज्या} \, अ = त \, (य - क \text{ कोज्} \, अ) \quad (१)$$

है।

यदि मू छा इस जीवा पर लम्ब है तो मू छा का समीकरण हुआ

$$य + त\, र = ०$$ (२)

(१) और (२) में से त का विलोपन करने से उनके कटान बिन्दु छा की निधि

$$य\,(य - क\, कोज्\, अ) + र\,(र - क\, ज्या\, अ) = ०,$$

अर्थात् $य^२ + र^२ - क\, य\, कोज्\, अ - कर\, ज्या\, अ = ०$,

अर्थात् $(य - \frac{१}{२}\, क\, कोज्\, अ)^२ + (र - \frac{१}{२}\, क\, ज्या\, अ)^२ = \frac{१}{४}\, क^२$ हुई। यह वह वृत्त है जिसका व्यास मू पा है।

५.२६ यदि वृत्त का समीकरण

$$(य - टि)^२ + (र - ठि)^२ = क^२$$

हो तो उस पर के किसी बिन्दु के भुजयुग्म

$$(टि + क\, कोज्\, अ,\ ठि + क\, ज्या\, अ)$$

होंगे। इसमें अ ∠ प च पे है (देखो चित्र ४३)

बिन्दुओं 'अ' और 'इ' की संयोजक जीवा का समीकरण

$$(य - टि)\, कोज्\, \frac{अ + इ}{२} + (र - ठि)\, ज्या\, \frac{अ + इ}{२}$$

$$= क\, कोज्\, \frac{अ - इ}{२}$$

है।

अतः बिन्दु 'अ' पर के स्पर्शी का समीकरण

$$(य - टि)\, कोज्\, अ + (र - ठि)\, ज्या\, अ = क$$

हुआ।

प्रश्नावली ५०

(१) § ५·१८ के उप-फल को § ५·२८ की विधि से सिद्ध करो।

(२) एक निर्दिष्ट वृत्त पर एक स्थिर बिन्दु पा है। वृत्त के स्पर्शियों पर पा से लम्ब डाले गये हैं। स्पर्शी और लम्ब के कटान बिन्दु की निधि ज्ञात करो।

(३) एक △ के शीर्ष बिन्दु (क कोज् अ, क ज्या अ), (क कोज् इ, क ज्या इ) और (क कोज् उ, क ज्या उ) हैं। सिद्ध करो कि △ के लाम्बिक केन्द्र के भुजयुग्म

क (कोज् अ + कोज् इ + कोज् उ) और क (ज्या अ + ज्या इ + ज्याउ) हैं।

(४) प्रश्नावली ४२ प्रश्न १० को § ५·२८ की विधि से हल करो।

(५) पा किसी वृत्त पर एक बिन्दु है और फा वृत्त के बाहर एक बिन्दु फा से वृत्त को फा चा और फा छा स्पर्शी खींचे गये हैं। पा से दोनों स्पर्शियों और सम्पर्क जीवा चा छा पर क्रमशः पा टा, पा ठा, पा डा लम्ब डाले गये हैं। सिद्ध करो कि

$$\text{पा टा} \cdot \text{पा ठा} = \text{पा डा}^2$$

उत्तरमाला

प्रश्नावली १

(३) (०,०), (२,०), (०,२) और (१,१)

(४) (− ३,०), (०,३) और (− ३,३) (६) $\frac{५}{२}$ और $\frac{५\sqrt{३}}{२}$

प्रश्नावली २

(१) $२\sqrt{२}$ (२) $\sqrt{८२}$ (३) $\sqrt{१३}$ (४) ४

(५) $२\sqrt{२}$ ख (६) $\sqrt{क^२ + ख^२}$ (७) २ क ज्या $\frac{अ - इ}{२}$

(११) $१६य + १०र + ५३ = ०$ (१४) $५ \pm \frac{\sqrt{३५}}{२}, ४ \pm \frac{\sqrt{३५}}{२}$

(१७) २ या − ६

प्रश्नावली ३

(१) $(\frac{५}{२}, -\frac{१९}{४})$ और $(५, -\frac{२७}{२})$ (२) $(\frac{११}{१२}, -\frac{७}{१२})$ और $(\frac{३१}{२}, -\frac{७}{२})$

(३) $(-\frac{१}{१२} - \frac{६७}{१२})$ और $(-\frac{४१}{२}, -\frac{१७}{२})$

(४) $(-\frac{१३}{४}, -\frac{२५}{४})$, $(\frac{३}{२}, \frac{१३}{२})$ और $(-\frac{१}{४}, -\frac{२७}{४})$ (५) $(-\frac{२}{१}, \frac{७}{३})$

(९) १:३

प्रश्नावली ४

(१) १४ (२) ११ (३) २ क ख + ख^२ − क^२

(४) २ क ख ज्या $\frac{त_२ - त_३}{२}$ ज्या $\frac{त_३ - त_१}{२}$ ज्या $\frac{त_१ - त_२}{२}$

प्रश्नावली ५

(१) $य^२ + र^२ - ६ य - ८ र + २१ = ०$ (२) $र = २ य$

(३) $य^२ + र^२ = २५$ (४) $य + र = ०$ (५) $र^२ = ४ य$

(६) $(य - क)^२ + (र - ख)^२ = द^२$ (७) $३ य^२ = र^२$

(८) $४ य^२ (द^२ - ४ क^२) + ४ द^२ र^२ = द^२ (द^२ - ४ क^२)$

(९) $य^२ + र^२ + १० क य + क^२ - ६ द^२ = ०$

(१०) $७ (य^२ + र^२ + क^२) + ५० क य = ०$

प्रश्नावली ७

(१) $य - २ र + ५ = ०$ (२) $य^२ = ४ र$

(३) $(य + क)^२ + (र + ख)^२ = द^२$

(४) $(य - र)^२ + २ (क - ख) (य - र) + (क - ख)^२ = ०$

(५) $(र + ख)^२ = ४ द (र + ख)$

(६) $(य + क)^२ - (र + ख)^२ = द^२$ (७) अभीष्ट बिन्दु (०,२) है।

प्रश्नावली ८

(१) $र = य \sqrt{३} + ४$ (२) $२ य + \sqrt{३} (२ र + ५) = ०$

(३) $र \pm य = ७$ (४) $३ य = ४ (र + ५)$ (५) $२ य + र + ३ = ०$

(६) $य - ३ = \sqrt{३} (र + ३)$ (७) $र - ख =$ स्पज्या ह $(य - क)$

(८) $क (र - ख) = (ख - प) (य - क)$ (९) $र = य + २$

(१०) $र = -\frac{२}{३}य + \frac{१०}{३}$

प्रश्नावली ९

(१) $५य - ३ र = १५$ (२) $य + ३ र + ६ = ०$

(३) $य + र + ३ = ०$ (४) $य - र = १२$

(५) $य + र + १ = ०$; दो: $य + र + १ = ०$, $य - र = ७$;

(६) ४, −४ (७) $\frac{११}{२}, \frac{११}{३}$

(८) $-\frac{ग}{क}, -\frac{ग}{ख}$ (१०) १२ य $-$ ५ र $=$ ३२

(११) $\frac{य}{क} + \frac{र}{ख} = २$ (१४) य $+$ र $=$ १

प्रश्नावली १०

(१) य $+$ र $\sqrt{३} = १४$ (२) य $+$ र $+$ ५ $\sqrt{२} = ०$

(३) ५ (र $+$ ३) $= \pm$ ४ य (४) $\sqrt{२}$ (य $-$ र) $+$ १३ $= ०$

(५) $(-\frac{३}{५})$ य $+ \frac{४}{५}$ र $=$ ५ (६) $\frac{२}{१३}$ य $+ (-\frac{३}{१३})$ र $= \frac{५}{१३}$

(७) $\left(-\frac{४}{\sqrt{६५}}\right)$ य $+ \left(-\frac{७}{\sqrt{६५}}\right)$ र $= \frac{१२}{\sqrt{६५}}$ (८) $\frac{७५}{८}$, ३

(९) $\frac{१६९}{३०}$, २ (१०) $\frac{१}{२ च छ}, \frac{१}{\sqrt{च^२ + छ^२}}$

प्रश्नावली ११

(९) क $= -६$, ख $=$ २ (१०) क: ख: ग $=$ १ : $-$२ : ११

प्रश्नावली १२

(१) य $=$ २ (२) य $+$ र $+$ ३ $=$ ०

(३) य $+$ र $=$ ० अथवा य $-$ र $+$ ६ $=$ ० (४) य $+$ र $+$ ५ $=$ ०

(५) $\sqrt{३}$(य $-$ ४) $+$ र $+$ १ $=$ ०

(६) ३ य $+$ ४ र $+$ ५ $=$ ०

(७) य $+ \sqrt{३}$ (र $-$ ५) $=$ ० (८) ६ $\sqrt{२}$

(९) याक्ष से ४५° का कोण बनाती है। (१०) $-$२०

प्रश्नावली १३

(१) $३ य + ८ र = १$ (२) $य = ६ (र - ८)$

(३) $३ य + २ र = ०$ (४) $\frac{य}{क} = \frac{र}{ख}$

(५) $य \text{ कोज् } \frac{त_1 + त_2}{२} + र \text{ ज्या } \frac{त_1 + त_2}{२}$

$= क \text{ कोज् } \frac{त_1 - त_2}{२}$

(६) $\frac{य}{क} \text{ कोज् } \frac{त_1 + त_2}{२} + \frac{र}{ख} \text{ ज्या } \frac{त_1 + त_2}{२}$

$= \text{कोज् } \frac{त_1 - त_2}{२}$

(७) $\frac{य}{क} \text{ कोज् } \frac{त_1 - त_2}{२} - \frac{र}{ख} \text{ ज्या } \frac{त_1 + त_2}{२}$

$= \text{कोज् } \frac{त_1 + त_2}{२}$

(८) $९ य - ५ र = ७,\ ९ य + ५ र = २$

(९) $(ग - घ) य - (क - ख) र = ख ग - क घ,$

$(ग - घ) य + (क - ख) र = क ख - ग घ$

(१२) $य = ३ र$ (१३) $२ य + ४ र + ५ = ०$

(१४) $११ य = ४ र,\ र = २ य$

(१५) $२ य - ३ र + ५ = ०,\ ५ य - ६ र + ८ = ०,$

$य - र + २ = ०$ (१७) १:३

प्रश्नावली १४

(१) एक ही पक्ष में (२) विपरीत पक्षों में (३) एक ही पक्ष में

(४) विपरीत पक्षों में (५) मूलबिन्दु–पक्ष में

(६) विमूलबिन्दु–पक्ष में (७) रेखा पर स्थित है।

(८) विमूलबिन्दु पक्ष में (९) ऋण पक्ष में (१०) ऋण पक्ष में

(११) धन पक्ष में (१२) धन पक्ष में

प्रश्नावली १५

(१) ५ (२) १ (३) $\frac{१}{\sqrt{२}}$ (४) $\frac{क^{२}+ख^{२}+ग}{\sqrt{क^{२}+ख^{२}}}$ (५) $\frac{३}{\sqrt{२}}$

(६) ७ $\sqrt{\frac{५}{१७}}$, $\frac{३}{\sqrt{२}}$, ७ (७) १ या $-\frac{३७}{३}$

(८) (०, −३) (९) (०, −२) (११) $\frac{५}{२}$ (१२) $४\frac{५}{२}$ (१३) $\frac{(द_{१}-द_{२})^{२}}{२(त_{१}-त_{२})}$

(१४) $$\frac{1}{२}\left\{\frac{(द_{२}-द_{३})^{२}}{त_{२}-त_{३}}+\frac{(द_{३}-द_{१})^{२}}{त_{३}-त_{१}}+\frac{(द_{१}-द_{२})^{२}}{त_{१}-त_{२}}\right\}$$

प्रश्नावली १६

(१) (−२, −१) (२) $\left(\frac{कि\,कु\,(खि-खु)}{कु\,खि-कि\,खु}, \frac{खि\,खु(कु-कि)}{कु\,खि-कि\,खु}\right)$

(३) $$\left\{क\frac{कोज्\,\frac{च+त्र}{२}}{कोज्\,\frac{च-त्र}{२}}, क\frac{ज्या\,\frac{च+त्र}{२}}{कोज्\,\frac{च-त्र}{२}}\right\}$$

(४) $\left(\frac{\text{कि खि}}{\text{कि}+\text{खि}}, \frac{\text{कि खि}}{\text{कि}+\text{खि}}\right)$

(६) $\frac{४}{२५}$ (७) २८ य − १९ र + १८ = ० (८) ४ य = र + ५

(९) ७ (य + र) = ११ (१०) २ य + ५ = ०

प्रश्नावली १७

(५) १

प्रश्नावली १८

(१) ४५° (२) स्पज्या$^{-१}$ $\frac{३९}{२}$ (३) ६०° (४) स्पज्या$^{-१}$ ३

(५) ९०° (६) १२०° (७) स्पज्या$^{-१}$ (−५)

(८) (१, ०), (२, ४), (२ −१); स्पज्या$^{-१}$ $(-\frac{५}{३})$,

स्पज्या$^{-१}$ $\frac{१}{४}$, ४५° (९) स्पज्या$^{-१}$ $\frac{१}{३}$

(१०) स्पज्या$^{-१}$ $\frac{\text{कि}^{२} - \text{खि}^{२}}{२ \text{ कि खि}}$ (११) न्यून कोण में

(१२) अधिक कोण में (१३) न्यून कोण में

(१४) ९ य − ७ र = १ और ७ य + ६ र = ७३

प्रश्नावली १६

(१) य + २ र + ३ = ० (२) य − २ र = १५

(३) प (य − च) + फ (र − छ) = ०

(४) ११४ य + ३८ र + २३ = ० (५) य = र

(६) $२० य + १७ = ०$ (७) $४ य + र = ९$ (८) $\frac{३}{२}$

(९) $३ य + र = ०$, $य + २ र = ५$ और $२ य - र = ३$

(१०) ०

प्रश्नावली २०

(१) $५ य - र = ७$ (२) $य + र + ७ = ०$ (३) $\frac{य - क}{खि} = \frac{र - ख}{कि}$

(४) $२ य = र + ४$ (५) $५ (४ य + ५ र) + ४ = ०$

(६) $य + र = ५$ (७) $४ (य + ३ र) + ५१ = ०$

(८) $५ य - ६ र = ४७$, $२ य + ७ र = ३८$ और

$३ (य - ३) = १३ र$

प्रश्नावली २१

(१) $५ य - २ र = ३$ और $य + २ र = १$

(२) $र - ख = \pm \sqrt{३} (य - क)$

(३) $(३ \sqrt{३} \pm १)(य - २) = (\sqrt{३} - ३)(र - ३)$

(४) $२ य - र + १० = ०$ और $य - २ र + ११ = ०$

(५) $७ य - र = २७$ और $य + ७ र = ४६$

प्रश्नावली २२

(१) $१६ य + २८ र = १३$ और $७ य - ४ र + ३९ = ०$

(२) $२०९ य + १९७ र + ११ = ०$

और $३९१ य - ४३७ र + ८९ = ०$

(३) $(५ \pm ३\sqrt{२})$ य $+ (\mp ५ - ४\sqrt{२})$ र

$$+ २\sqrt{२} \mp ५ = ०$$

(४) (१, −२) (५) (−२, −३) (६) (−३, ०)

(७) $(५ + ३\sqrt{२})$ य $- (५ + ४\sqrt{२})$ र $+ ५\sqrt{२} - २० = ०$

(९) (१, १)

(१०) $\left(\frac{३४ + १२\sqrt{२}}{६ + ४\sqrt{२}}, \frac{२०\sqrt{२} - ११}{६ + ४\sqrt{२}}\right)$

(११) $(\frac{३१}{८}, \frac{३१}{८})$ (१२) (१, −१)

(१३) $(-\frac{१}{१४}, \frac{७३}{२८})$ और $(\frac{१}{१६}, \frac{७७}{३२})$

प्रश्नावली २३

(१) (य − र) (२ य + ३ र) = ०

(२) य (२ य − ५ र) = ०

(३) (र + ३) (य − र + १) = ० (४) अद्त

(५) (य + र) (य − र) = ०

(६) (य + २ र + २) (य − ५ र + ६) = ०

(७) (३ य − १) ($य^२$ + य + १) = ०

(८) (य − २ र) (३ $य^२$ + ५ य र + ३ $र^२$) = ०

प्रश्नावली २४

(१) स्पज्या $^{-१}$ $\frac{२\sqrt{३०}}{७}$ (२) $\frac{\pi}{२}$ (३) $\frac{\pi}{२}$

(४) स्पज्या $^{-१}$ $\frac{१}{३}$ (६) $\frac{५}{२}$

प्रश्नावली २५

(१) $य^{२} + २\,य\,र - र^{२} = ०$

(२) $य^{२} + ४\,य\,र - र^{२} = ०$ (३) $य\,र = ०$

(४) $य^{२} + ६\,य\,र - र^{२} = ०$ (५) $य \pm र = ०$

प्रश्नावली २६

(१) $(क\,कि - ख\,खि)^{२}$

$+ ४\,(क\,जि + ज\,खि)\,(ज\,कि + ख\,जि) = ०$

प्रश्नावली २७

(१) $य = र$ और $२\,य - ३\,र + १ = ०$

(२) $य - र - २ = ०,\; २\,य + ५\,र - १ = ०$

(३) $३\,य - ४\,र + १ = ०,\; ४\,य + ३\,र + ५ = ०$ (४) $\pm\,३$

(५) -११ या $\frac{४३}{२}$ (६) $\frac{क}{ख} = \frac{ग}{घ}$

प्रश्नावली २८

(१) $य \pm ए\,र = ०$ (२) $य + २ \pm ए\,(र - ५) = ०$

(३) $य\,(य^{२} - य\,र + र^{२}) = ०$ (४) $य + र \pm ए\,(य - र) = ०$

(६) $य - र + १ \pm ए\,(र - ३\,य) = ०$

(७) $(य - ए\,र)\,(२\,य - १) = ०$

प्रश्नावली २९

(१) $२\,य^{२} - ५\,य\,र + ३\,र^{२} = ०$

(२) $५\,य^२+३\,य\,र-२\,र^२=०$

(३) $३\,य-२\,र+१=०,\ ८\,य+३\,र-१४=०$

(४) $३\,य+२\,र-४=०,\ ८\,(य-र)=१९$

(५) $य+र=२,\ ३\,य+२\,र=५$ (६) $\frac{३}{\sqrt{१३}}$

प्रश्नावली ३०

(१) $३\,य^२-२\,य\,र-र^२=०$ (२) $७\,य^२-२\,य\,र-र^२=०$

(३) $९\,य^२=र^२$ (४) $य\,र=०$

(५) $(क^२+ख^२-त्रि^२)\left(\frac{य^२}{क^२}+\frac{र^२}{ख^२}\right)=\frac{४\,य\,र}{क\,ख}(क^२+ख^२+त्रि^२)$

प्रश्नावली ३१

(१) $य^२+र^२-४\,य-६\,र-३=०$

(२) $य^२+र^२+८\,य+३=०$

(३) $य^२+र^२-२\,क\,य-२\,ख\,र+२\,क\,ख=०$

(४) $य^२+र^२=प^२+फ^२$ (५) $(३, -\frac{१}{२}),\ \frac{१}{२}$

(६) $(२, -१),\ २\sqrt{\frac{१०}{३}}$

(७) $\left(\frac{ख}{क}, -\frac{ग}{क}\right),\ \frac{१}{क}\sqrt{ख^२+ग^२+क\,घ}$ (८) $(०, \frac{१}{८}),\ \frac{१}{८}$

(९) $\left(\frac{क}{५}, ०\right),\ \frac{क}{५}$

प्रश्नावली ३२

(१) $य^२ + र^२ - ४ य + ६ र = ०$ (२) $य^२ + र^२ - ६ र = ०$

(३) $य^२ + र^२ - १० य + ९ = ०$

(४) $य^२ + र^२ - २ \sqrt{४ प^२ - फ^२}\, र = फ^२$

(५) $य^२ + र^२ - २ य + ८ र + १६ = ०$

(६) $य^२ + र^२ - २ अ य - २ इ र + अ^२ = ०$

(७) $य^२ + र^२ - १२ य - १२ र + ३६ = ०$

(८) $४ (य^२ + र^२) - १६ य - १२ र + २१ = ०$

प्रश्नावली ३३

(६) (०, १), १

प्रश्नावली ३४

(१) $२९ (य^२ + र^२) + ५१ य + ८५ र - २८६ = ०$

(२) $य^२ + र^२ - क य - ख र = ०$

(३) $य^२ + र^२ - २ य - २ र - ८ = ०$

(४) $य^२ + र^२ + (-४ \pm \sqrt{६}) य$

$+ (४ \pm \sqrt{६}) र + \frac{११ \pm ४\sqrt{६}}{२} = ०$

(५) $य^२ + र^२ - २ य - २ र + १ = ०$

(६) $य^२ + र^२ - ३ य - ४ र = ०$

(७) $य^२ + र^२ + ४ य + ४ र - १७ = ०$

अथवा $य^२ + र^२ - १२ य - ४ र + १५ = ०$

(८) $(क+ख)(य^2+र^2)=(क^2+ख^2)(य+र)$

(९) $य^2+र^2-४(य+र)+४=०$ अथवा

$य^2+र^2-२०(य+र)+१००=०$

(१०) $य^2+र^2+२र=०$ (११) $य^2+र^2-ति\,य-थि\,र=०$

(१२) $य^2+र^2\pm२\sqrt{त्रि^2-कि^2}\,य=कि^2$

(१३) $य^2+र^2=त(य+र)$ (१४) $य^2+र^2+२(य+र)=१४$

(१६) $२५(य^2+र^2)-१००य-१५०र+६९=०$

(१७) $य^2+र^2-१४य-१६र+१०४=०$ (१८) $स्पज्या^{-1}\frac{७}{९}$

प्रश्नावली ३५

(१) $य^2+र^2\pm२\sqrt{१३}\,य+४र+४=०$

(२) $य^2+र^2\pm\sqrt{३७}\,य\pm४र+३=०$

(३) $य^2+र^2+२(२\pm\sqrt{३})र+३\pm४\sqrt{३}=०$

(४) $७(य^2+र^2)-३२य+६र+१००=०$

(५) $१६(य^2+र^2)-७२र+१७=०$

(६) $य^2+र^3+६य-४\sqrt{३}\,र+८=०$

प्रश्नावली ३६

(१) $य^2+र^2-६य+२र-३=०$.

(२) $य^2+र^2-\sqrt{३}\,य-५र+६=०$,

$य^2+र^2-\sqrt{३}\ य-३\ र+२=०$

और $य^2+र^2-४र+३=०$

(३) $य^2+र^2-४य+३=०, य^2+र^2-३य-\frac{१}{\sqrt{३}}र+२=०$

और $य^2+र^2-५\ य-\frac{१}{\sqrt{३}}र+६=०$

प्रश्नावली ३७

(१) अन्दर (२) बाहर (३) ऊपर (४) अन्दर

(५) बाहर (६) ऊपर

प्रश्नावली ३८.

(१) $य-२\sqrt{२}\ र=६$ (२) $य=३\ (र-२)$ (३) याच

(४) $र=१$ (५) $\frac{य}{क}+\frac{र}{ख}=१$ (६) याच

(७) (य−अ) कोज् च+(र−इ) ज्या च = ति

प्रश्नावली ३९

(१) $२\sqrt{२}य+र=०$ (२) $३\ य+र=६$ (३) याच

(४) $य=१$ (५) क य = ख र

(६) $\frac{य-अ}{कोज्\ च}=\frac{र-इ}{ज्या च}$

प्रश्नावली ४०

(१) स्पर्श करती है; सम्पर्क बिन्दु :

$$\left(\frac{\sqrt{२}+१}{\sqrt{२}}, \frac{\sqrt{२}+१}{\sqrt{२}}\right) (२) \frac{\sqrt{५}}{३} (३) ३२$$

(४) क (कोज् अ $-$ १)

(५) $क य + ख र + ग = \pm द \sqrt{क^२ + ख^२}$

(६) $र = य + क\sqrt{२}$ (७) $र = त य \pm क \sqrt{१ + त^२}$

(८) काल्पनिक : $र = \pm ए य$ (९) $य + त र \pm क \sqrt{१ + त^२} = ०$

(१०) $य + र = क$ (११) $य^२ + र^२ + ४ र = ०$

(१२) $२ (य^२ + र^२) + ८ य + ४ र + ९ = ०$

(१३) $य^२ + र^२ \pm २ छ (य + र) + छ^२ = ०$,

जिसमें $२ छ = \pm कि \pm खि + \sqrt{कि^२ + खि^२}$

(१४) $स्पज्या^{-१} \frac{४}{७}$

(१५) $य^२ + र^२ - २ य + ४ र = ०; २ य + र \pm ५ = ०$

प्रश्नावली ४१

(१) $\frac{७}{\sqrt{१३}}$ (२) $\pm$ ~~२~~ $\sqrt{१५}$

(३) $(द^२ + २ द + २) य^२ - ४ य र$

$+ (द^२ - २ द + २) र^२ = ०; द = ०$

(४) $२\sqrt{त्रि^२ - \frac{कि^२ खि^२}{कि^२ + खि^२}}$

प्रश्नावली ४२

(१) $य + २ र = ०$ (२) $य + र + ६ = ०$ (३) $य = ३ र$

(४) $य + त र + छ + त ज = ०$ (५) $टि य + ठि र = ०$

(६) $टि (य + छ) + ठि (र + ज) = ०$ (७) $(-\frac{३}{५}, \frac{६}{५})$

(८) $(\frac{६९}{१३}, -\frac{३१}{१३})$ (१०) $य^२ + र^२ - टि य - ठि र = ०$

प्रश्नावली ४३

(१) $\frac{\sqrt{१२६}}{२}$ (२) $\sqrt{१४}$

(३) $\sqrt{(क - त)^२ + (ख - थ)^२ - च^२}$

(४) $५ य = २$ (५) $(\frac{३३}{४}, -१२), \frac{१}{२}\sqrt{३१}$

(६) $२ (छ - छि) य + २ (च - चि) र + ग - गि = ०$

(७) वृत्तः $\sqrt{च^२ + छ^२} (य^२ + र^२ - क^२) = स (च य + छ र + ज)$

प्रश्नावली ४४

(१) $४ य - ५ र = ६$ (२) $२ य + ५ = ०$

(३) $क य + ख र = क^२ + ख^२$

(४) $६ य - ३ र = १६, (\frac{३२}{१५}, -\frac{१६}{१५})$

(५) $२\sqrt{\frac{३३०}{६१}}$ (७) $य^२_१ + र^२_१ = २ क^२$

प्रश्नावली ४५

(१) य + ७ र = ८ (२) ३ (य + र) + ११ = ०

(३) ५ र = ७ (४) (२ − कोज् त्त) य

+ (२ − ज्या त्त) र = २ क (कोज् त्त + ज्या त्त)

(५) ठ य + ट र + द = ० (६) $\frac{४}{२५}\sqrt{३५१}$

प्रश्नावली ४६

(१) (−२५, −२५) (२) $\left(-\frac{९}{५}, \frac{१९}{५}\right)$ (३) $\left(\frac{१६}{१३}, \frac{९३}{५२}\right)$

(४) $\left(-छ, \frac{छ^२ - ग}{च}\right)$ (५) $\left(-\frac{३२}{७}, -८\right)$

(६) $\left(६, -\frac{१९}{५}\right)$

प्रश्नावली ४७

(४) −६

प्रश्नावली ४९

(१) $१५ य^२ - ४० य र + २४ र^२ + १० य + ८ र - ४१ = ०$

(२) $७ य^२ + २४ य र + १४ र^२ + ५४ य + ४० र - १ = ०$

(३) $(छ^२ - ग) य^२ + २ च छ य र + (च^२ - ग) र^२ = ०$

(५) $\frac{क (त^२ + थ^२ - क^२)^{\frac{३}{२}}}{त^२ + थ^२}$

हिन्दी-अंग्रेजी शब्दावली

अक्ष	Axis
अङ्कन	Plotting
अङ्ग	Part
अचल	Constant
अचल राशि	Constant quantity
अज्ञात	Unknown
अधिक कोण	Obtuse angle
अधियाना	Bisection
अनन्त	Infinite
अनन्ती	Infinity
अनुक्रमानुपाती	Directly proportional
अनुपाती	Proportional
अनुबद्ध बिन्दु	Conjugate points
अनुबद्ध सरल रेखायें	Conjugate straight lines
अनुबन्ध	Condition
अन्तर	Difference
अन्तरर्धक	Internal bisector
अन्तर्विभक्त	Internally divided
अन्तःकेन्द्र	In-centre
अन्तःखण्ड	Intercept
अभिन्न	Identical
अभिलम्ब	Normal

अभीष्ट	Required
अर्धक	Bisector
अर्धन	Bisection
अवस्था	Condition
अंश	1. Part 2. Numerator 3. Degree
आकृति	Figure
आदेश	Substitution
आयत	Rectangle
आयताकार नियामक	Rectangular coordinates
आलेख	Graph
आलेखन	Drawing of graphs
आवश्यक	Necessary
आश्रय अक्ष	Axes of reference
इच्छित	Required
उच्च घात	Higher degree
उच्च घातीय	Of higher degree
उच्चत्व	Altitude
उदाहरण	Example
उपनिर्मेय	Corollary
उपप्रमेय	Corollary
उपफल	Corollary
उभयनिष्ठ	Common (to two)

ऋजु रेखा	Straight line
ऋण	Negative
ऋणात्मक	Negative
एकघात	Linear
एकघातीय	Linear
एक से	Alike
एकाङ्गी	Identical
एकात्मक	Identical
एकात्मतः	Identically
एकात्म्य	Identity
कटान	Intersection
कटान बिन्दु	Point of intersection
करणी	Surd
कर्ण	Hypotenuse
कार्तीय नियामक	Cartesian coordinates
काल्पनिक	Imaginary
के अनुसार	With respect to
केन्द्र	Centre
केन्द्रव	Centroid
के मध्येन	Through
कोज्	Cos
कोज्या	Cosine
कोटि	Ordinate
कोट्यक्ष	Axis of ordinates

कोण	Angle
कोष्ठक	Bracket
कोस्प	Cot
कोस्पज्या	Cotangent
क्रम	Order
क्षेत्र	Field
क्षेत्रफल	Area
खण्ड	Factor
खण्डन	Factorisation
गतिशील	Moving
गुणक	Coefficient
गुणनखण्ड	Factor
गुणनफल	Product
गुणा	Multiplication
घात	Degree
चतुर्भुज	Quadrilateral
चरण	Quadrant
चल	Variable
चल राशि	Variable quantity
चालू नियामक	Current coordinates
चिह्न	Sign

छेकना	Subtend
छेदक	Secant (line)
जीवा	Chord
ज्या	Sine
ज्यामितीय श्रेणी	Geometric series
ज्ञात	Known
टिप्पणी	Note
तिर्यक्	Oblique
तिर्यक् नियामक	Oblique coordinates
तुलना	Comparison
तुल्य	Equivalent
त्रिछेदन	Trisection
त्रिज्या	Radius
त्रिभाजन	Trisection
त्रिभुज	Triangle
दक्षिण पक्ष	Right-hand side
दशा	Condition
दिशा	Direction
दूरी	Distance
द्विघात	Quadratic
द्विघातीय	Quadratic
द्विभाजन	Bisection

द्विसम त्रिभुज	Isosceles triangle
धन	Positive
धनात्मक	Positive
ध्रुव	Pole
ध्रुवी	Polar
निधि	Locus
नियत	Standard
नियामक	Coordinates
नियामक ज्यामिति	Coordinate Geometry
निरूपण	Representation
निर्दिष्ट	Assigned
निर्मेय	Problem
निष्पत्ति	Ratio
नोट	Note
न्यास	Data
न्यून कोण	Acute angle
पक्ष	Side
पग	Step
पद	Term
पद्धति	System
परतन्त्र	Dependent
परवलय	Parabola
परस्पर	Mutually
परस्पर लम्ब	At right angles

परिकेन्द्र	Circum-centre
परिधि	Circumference
परिमाण	Magnitude
परिवर्तन	Change
परिवर्तनशील	Variable
परिवृत्त	Circum-circle
पर्याप्त	Sufficient
पूर्ण	Complete, whole
प्रतिज्ञा	Enunciation
प्रथा	Convention
प्रदर्शन	Representation
प्रश्न	Question
प्रसार	Expansion
प्राचल	Parameter
फल	Result
बराबर	Equal
बहिरर्धक	External bisector
बहिर्विभक्त	Externally divided
बाम	Left
बाम पक्ष	Left-hand side
बिन्दु	Point
बीजगणित	Algebra
बीजगणितीय	Algebraic, Algebraical
भाग	Part

भुज	Abscissa
भुजयुग्म	Coordinates
भुजा	Side
भुजाक्ष	Axis of abscissa
मध्य बिन्दु	Middle point
मध्यस्थ कोण	Included angle
मध्यस्थ दूरी	Intermediary distance
मात्रा	Quantity
माध्यिका	Median
मान	Value
मूल	Root
मूलबिन्दु	Origin
मूलबिन्दु पक्ष	Origin side
मौलिक	Original
यथाक्रम	Respectively
याक्ष	Axis of x
योग	Sum
रचना	Construction
राक्ष	Axis of y
राशि	Quantity
रूढ़ि	Convention
रूप	Form
रूपान्तर	Transformation
रेखा	Line

लब्ध	Resultant
लम्ब	Perpendicular
लम्बाई	Length
लाम्बिक केन्द्र	Orthocentre
लाम्बिकता	Perpendicularity
वक्र	Curve, Curved
वर्ग	Square
वर्गात्मक	Quadratic
वाम	Left
वास्तविक	Real
विकर्ण	Diagonal
विचल	Variable
विधि	Method
विपरीत	Contrary, opposite
विभाजक बिन्दु	Points of division
विमुख	Opposite
विमूलबिन्दु पक्ष	Non-origin side
विरुद्ध	Opposite, contrary
विलोपन	Elimination
विलोपफल	Eliminant
विलोम	Converse
विलोमतः	Conversely
विवेचक	Discriminant
विशिष्ट	Particular, Specific
विस्तृत	Extended

वृत्त	Circle
व्यञ्जक	Expression
व्यवस्था	System
व्यापक	General
व्युकोज्	Sec
व्युकोज्या	Secant
व्युज्या	Cosecant
व्युत्क्रम	Reciprocal
शर्त	Condition
शुल्ब प्रमेय	Theorem of Pythagoras
शाखा	Branch
शीर्ष	Vertex
शीर्ष कोण	Vertical angle
शून्य	Zero
शेष	Remainder
श्यामपट्ट	Blackboard
सङ्कर	Complex
संख्या	Number
संख्यात्मक	Numerical, Arithmetical
सङ्गामी	Concurrent
सन्तुष्ट करना	To satisfy
सन्तोष	Satisfaction

सम	Equal
समकोण	Right angle
समकोण त्रिभुज	Right angled triangle
समकोणीय	Orthogonal
समकोणीय नियामक	Rectangular coordinates
समघात	Homogeneous
समघाती	Homogeneous
समतल	Plane
सम त्रिभुज	Equilateral triangle
समदूर	Equidistant
समदूरस्थ	Equidistant
समद्विभाजक	Bisector
समद्विभाजन	Bisection
समरूप	Similar
समलम्ब	Trapezium
समस्या	Problem
समान	1. Alike 2. Equal
समानान्तर	Parallel
समानान्तरता	Parallelism
समानाभुज	Parallelogram
समानुपाती	Proportional
समीकरण	Equation
सम्पर्क	Contact
सम्पर्क जीवा	Chord of contact
सम्बन्ध	Relation

सम्मुख	Opposite
सरल	Simple
सरलन	Simplification
सरल रेखा	Straight line
सर्वनिष्ठ	Common (to all)
साध्य	Proposition
सारणिक	Determinant
सार्व	Common (to all)
सीमा	Limit
सूत्र	Formula
संयोजक रेखा	Joining line
संरैखिक	Collinear
संवादी	Corresponding
संस्पर्श	Contact
संस्पर्श जीवा	Chord of contact
संहति	System
स्थान	Place
स्थानापत्ति	Substitution
स्पज्या	Tangent (Ratio)
स्पर्श	Touch
स्पर्शी	Tangent (line)
स्वतन्त्र	Independent
स्थित	Situated
स्थिति	Situation
स्थिर	Fixed
स्वेच्छ अचल	Arbitrary constant

हर	Denominator
हल	Solution
हेर-फेर	Interchange

अंग्रेजी-हिन्दी शब्दावली

Abscissa	भुज़
Acute angle	न्यून कोण
Algebraic	बीजगणितीय
Algebraical	बीजगणितीय
Alike	समान, एक से
Altitude	उच्चत्व
Angle	कोण
Arbitrary constant	स्वेच्छ अचल
Area	क्षेत्रफल
Arithmetical	संख्यात्मक
Assigned	निर्दिष्ट
At right angles	परस्पर लम्ब
Axes of reference	आश्रय अक्ष
Axis	अक्ष
Axis of abscissa	भुजाक्ष
Axis of ordinates	कोट्यक्ष
Bisection	अर्धन, अधियाना, समद्विभाजन
Bisector	अर्धक, समद्विभाजक
Blackboard	श्यामपट्ट
Bracket	कोष्ठक
Branch	शाखा

Cartesian coordinates	कार्तीय नियामक
Centre	केन्द्र
Centroid	केन्द्रव
Change	परिवर्तन
Chord	जीवा
Chord of contact	संस्पर्श जीवा
Circle	वृत्त
Circum-centre	परिकेन्द्र
Circum-circle	परिवृत्त
Circumference	परिधि
Coefficient	गुणक
Collinear	संरैखिक
Common (to all)	सर्वनिष्ठ, सार्व
Common (to two)	उभयनिष्ठ
Comparison	तुलना
Complete	पूर्ण
Complex	सङ्कर
Concurrent	सङ्गामी
Condition	शर्त, अवस्था, अनुबन्ध
Conjugate points	अनुबद्ध बिन्दु
Conjugate straight lines	अनुबद्ध ऋजु रेखायें
Constant	अचल
Constant quantity	अचल राशि
Construction	रचना
Contact	संस्पर्श

Contrary विरुद्ध, विपरीत
Convention रूढ़ि, प्रथा
Converse विलोम
Conversely विलोमतः
Coordinate Geometry नियामक ज्यामिति
Coordinates नियामक, भुजयुग्म
Corollary उपफल, उपप्रमेय, उपनिर्मेय
Corresponding सम्वादी
Cos कोज्
Cosecant व्युकोज्या
Cosine कोज्या
Cot कोस्प
Cotangent कोस्पज्या
Current coordinates चालू नियामक
Curve वक्र
Curved वक्र

Data न्यास
Degree (in an angle) अंश
Degree (of an equation) घात
Denominator हर
Dependent परतंत्र
Determinant सारणिक
Diagonal विकर्ण
Diameter व्यास
Difference अन्तर

Direction	दिशा
Directly proportional	अनुक्रमानुपाती
Discriminant	विवेचक
Distance	दूरी
Drawing of graphs	आलेखन
Eliminant	विलोपफल
Elimination	विलोपन
Enunciation	प्रतिज्ञा
Equal	सम, समान, बराबर
Equation	समीकरण
Equidistant	समदूर, समदूरस्थ
Equilateral triangle	सम त्रिभुज
Equivalent	तुल्य
Example	उदाहरण
Expansion	प्रसार
Expression	व्यञ्जक
Extended	विस्तृत
External bisector	बहिरर्धक
Externally divided	बहिर्विभक्त
Factor	खण्ड, गुणनखण्ड
Factorisation	खण्डन
Field	क्षेत्र
Figure	आकृति
Fixed	स्थिर

Form	रूप
Formula	सूत्र
General	व्यापक
Geometric series	गुणोत्तर श्रेणी
Graph	आलेख
Higher degree	उच्च घात
Homogeneous	समघातीय, समघात-
Hypotenuse	कर्ण
Identical	एकात्मक, अभिन्न
Identically	एकात्मतः
Identity	एकात्म्य
Imaginary	काल्पनिक
In-centre	अन्तःकेन्द्र
Included angle	मध्यस्थ कोण
Independent	स्वतन्त्र
Infinite	अनन्त
Infinity	अनन्ती
Intercept	अन्तःखण्ड
Interchange	हेर-फेर
Intermediary distance	मध्यस्थ दूरी
Internal bisector	अन्तरर्धक
Internally divided	अन्तर्विभक्त
Intersection	कटान
Isosceles triangle	द्विसम त्रिभुज

Joining line	संयोजक रेखा
Known	ज्ञात
Left	बाम, वाम
Left-hand side	बाम पक्ष
Length	लम्बाई
Limit	सीमा
Line	रेखा
Linear	एकघातीय, एकघात—
Magnitude	परिमाण
Median	माध्यिका
Method	विधि
Middle point	मध्य बिन्दु
Moving (Adj)	गतिशील
Mutually	परस्पर
Necessary	आवश्यक
Negative	ऋणात्मक, ऋण—
Non-origin side	विमूलबिन्दु पक्ष
Normal	अभिलम्ब
Note	नोट, टिप्पणी
Number	संख्या
Numerator	अंश
Numerical	संख्यात्मक

Oblique	तिर्यक्
Oblique coordinates	तिर्यक् नियामक
Obtuse angle	अधिक कोण
Opposite	१–सम्मुख, २–विरुद्ध, विपरीत
Order	क्रम
Ordinate	कोटि
Origin	मूलबिन्दु
Original	मौलिक
Origin side	मूलबिन्दु पक्ष
Orthocentre	लाम्बिक केन्द्र
Orthogonal	समकोणीय
Parabola	परवलय
Parallel	समानान्तर
Parallelism	समानान्तरता
Parallelogram	समानाभुज
Parameter	प्राचल
Part	भाग, अंश, अङ्ग
Particular	विशिष्ट
Perpendicular	लम्ब
Perpendicularity	लाम्बिकता
Place	स्थान
Plane	समतल
Plotting	अङ्कन
Point	बिन्दु
Point of intersection	कटान बिन्दु

Points of division	विभाजन बिन्दु
Polar	ध्रुवी
Pole	ध्रुव
Position	स्थिति
Positive	धनात्मक, धन—
Problem	समस्या, निर्मेय, प्रश्न
Produced	विस्तृत, बढ़ाई हुई
Product	गुणनफल
Property	गुण
Proportional	अनुपाती
Proposition	साध्य
Quadrant	चरण
Quadratic	वर्गात्मक, वर्ग—, द्विघातीय, द्विघात—
Quadrilateral	चतुर्भुजी
Quantity	राशि, मात्रा
Question	प्रश्न
Radius	त्रिज्या
Ratio	निष्पत्ति
Real	वास्तविक
Reciprocal	व्युत्क्रम
Rectangle	आयत
Rectangular coordinates	आयताकार नियामक

Relation	सम्बन्ध
Remainder	शेष, शेषफल
Representation	प्रदर्शन
Required	अभीष्ट
Respectively	यथाक्रम
Result	फल
Resultant	लब्ध
Right angle	समकोण
Right angled triangle	समकोण त्रिभुज
Right hand side	दक्षिण पक्ष
Root	मूल
Satisfaction	सन्तोष
Sec	व्युकोज्
Secant	व्युकोज्या
Secant (line)	छेदक
Side	१—भुजा २—पक्ष
Sign	चिह्न
Similar	समरूप
Simple	सरल
Simplification	सरलन
Sine	ज्या
Situated	स्थित
Situation	स्थिति
Solution	हल, साधन
Specific	विशिष्ट

Square	वर्ग
Standard	नियत, प्रमाप
Step	पग
Straight line	ऋजु रेखा, सरल रेखा
Substitution	आदेश, स्थानापत्ति
Subtend	छेकना
Sufficient	पर्याप्त
Sum	योग
Surd	करणी
System	१–पद्धति २–संहति ३–व्यवस्था
Tan	स्पज्या
Tangent	स्पज्या
Tangent (line)	स्पर्शी
Term	पद
Theorem of Pythagoras	शुल्ब प्रमेय
Through	के मध्येन
To satisfy	सन्तुष्ट करना
Touch	स्पर्श
Transformation	रूपान्तर
Trapezium	समलम्ब
Triangle	त्रिभुज
Trisection	त्रिछेदन
Unkown	अज्ञात
Value	मान

Variable	चल, विचल, परिवर्तनशील
Variable quantity	चल राशि
Vertex	शीर्ष
Vertical angle	शीर्ष कोण
Whole	पूर्ण
With respect to	के अनुसार
X-axis	याक्ष
Y-axis	राक्ष
Zero	शून्य

संकेतलिपि

$x, y, z, \ldots\ldots$	अज्ञात राशियाँ	य, र, ल, ...
		यि, रि, लि, ...
		यु, रु, लु, ...
$x', y', z', \ldots\ldots$		य′, र′, ल′, ...
		यं, रं, लं, ...
$\bar{x}, \bar{y}, \bar{z}, \ldots\ldots$		य̅, र̅, ल̅, ...
$a, b, c, \ldots\ldots$	ज्ञात राशियाँ	क, ख, ग, ...
		कि, खि, गि, ...
		कु, खु, गु, ...
$p, q, r, \ldots\ldots$		प, फ, ब, ...
		पि, फि, बि, ...
		पु, फु, बु, ...
$A, B, C, \ldots\ldots$	बिन्दु	का, खा, गा, ...
		की, खी, गी, ...
		कू, खू, गू, ...
$P, Q, R, \ldots\ldots$		पा, फा, बा, ...
		पी, फी, बी, ...
		पू, फू, बू, ...

X, Y, Z, ...		या, रा, ला, ... यी, री, ली, ... यू, रू, लू, ...
θ, ϕ, ψ, ...	अज्ञात कोण	च, त्र, ज्ञ, ...
α, β, γ, ...	ज्ञात कोण	अ, आ, इ, ...
e (eccentricity)		उ (उत्केन्द्रता)
e (transcendental)		घ ('घातांक' से)
E(„)		घा („)
$i = \sqrt{-1}$		ए $= \sqrt{-१}$
ω, λ		ह, ण
π		π
$y = mx + c$		र = त य + द
$\frac{x}{a} + \frac{y}{b} = 1$		$\frac{\text{य}}{\text{क}} + \frac{\text{र}}{\text{ख}} = १$
$x \cos \alpha + y \sin \alpha = p$		य कोज् अ + र ज्या अ = प
$ax + by + c = 0$		क य + ख र + ग = ०
$lx + my + n = 0$		ट य + ठ र + ड = ०
$\frac{x - x'}{\cos \theta} = \frac{y - y'}{\sin \theta} = r$		$\frac{\text{य} - \text{यि}}{\text{कोज् च}} = \frac{\text{र} - \text{रि}}{\text{ज्या च}} =$ त्रि

h, k	टि, ठि
O	मू

$ax^2 + 2hxy + by^2 + 2gx + 2fy + c = 0$

क य² + २ ज य र + ख र² + २ छ य + २ च र + ग = ०

$S = 0$, $S' = 0$, $S'' = 0$	शो = ०, शौ = ०, शं = ०
$u = 0$, $v = 0$, $w = 0$	कं = ०, खं = ०, गं = ०
	कः = ०, खः = ०, गः = ०
$f(x)$	फ (य)

सूत्रावली

(१) दो बिन्दुओं (य, र), (ये, रे) की मध्यस्थ दूरी :

$$\sqrt{(य - ये)^२ + (र - रे)^२}$$

मूलबिन्दुसे किसी बिन्दु (य, र) की दूरी :

$$\sqrt{य^२ + र^२}$$

(२) न्यस्त बिन्दु $(य_१, र_१)$, $(य_२, र_२)$

जो बिन्दु इनकी संयोजक ऋजु रेखा को निष्पत्ति $छ_१ : छ_२$ में काटता है, उसके नियामक :

$$य = \frac{छ_१ य_२ + छ_२ य_१}{छ_१ + छ_२}, \quad र = \frac{छ_१ र_२ + छ_२ र_१}{छ_१ + छ_२}.$$

(३) $\triangle$ का क्षेत्रफल $= \frac{१}{२} \begin{vmatrix} य_१ & र_१ & १ \\ य_२ & र_२ & १ \\ य_३ & र_३ & १ \end{vmatrix}$

(४) मूलबिन्दु परिवर्तन :

नया मूलबिन्दु (अ, इ),

नये नियामक (यो, रो)

आदेश : य = यो + अ, र = रो + इ ।

(५) ऋजु रेखा — विशिष्ट स्थितियाँ

राक्ष के ॥ : य = द

राक्ष : $य = ०$

याक्ष के ॥ $र = ध,$

याक्ष : $र = ०$

मूलबिन्दु के मध्येन जानेवाली : $र = त\,य$ ।

(६) कोई ऋजु रेखा :

(क) 'प्रवणता' रूप : $र = त\,य + द$ ।

(ख) 'अन्तःखण्ड' रूप : $\frac{य}{क} + \frac{र}{ख} = १,$

अथवा $ट\,य + ठ\,र = १$ ।

(ग) 'लम्ब' रूप : $य$ कोज् $अ + र$ ज्या $अ = प$ ।

(घ) बिन्दु $(य_१, र_१)$ के मध्येन: $र - र_१ = त\,(य - य_१),$

(ङ) $$\frac{य - य_१}{\text{कोज्}\ त्त} = \frac{र - र_१}{\text{ज्या}\ त्त} = त्रि$$

(च) बिन्दुओं $(य_१, र_१), (य_२, र_२)$ की संयोजक रेखा:

$$\frac{य - य_१}{य_२ - य_१} = \frac{र - र_१}{र_२ - र_१}.$$

(छ) व्यापक रूप: $क\,य + ख\,र + ग = ०$

(७) बिन्दु $(य_१, र_१)$ से

(i) रेखा (ग) पर डाले गये लम्ब की लम्बाई:

$य_१$ कोज् $अ + र_१$ ज्या $अ - प$

(ii) रेखा (छ) पर डाले गये लम्ब की लम्बाई:

$$\frac{\text{क}\text{य}_1+\text{ख}\text{र}_1+\text{ग}}{\sqrt{\text{क}^2+\text{ख}^2}}।$$

मूलबिन्दु से रेखा (छ) पर डाले गये लम्ब की लम्बाई:

$$\frac{\text{ग}}{\sqrt{\text{क}^2+\text{ख}^2}}।$$

(८) रेखाओं $\text{क}\,\text{य}+\text{ख}\,\text{र}+\text{ग}=0,$

$\text{कि}\,\text{य}+\text{खि}\,\text{र}+\text{गि}=0$

का कटान बिन्दुः $\left(\frac{\text{ख}\,\text{गि}-\text{खि}\,\text{ग}}{\text{क}\,\text{खि}-\text{कि}\,\text{ख}}, \frac{\text{ग}\,\text{कि}-\text{गि}\,\text{क}}{\text{क}\,\text{खि}-\text{कि}\text{ख}}\right).$

(९) रेखाओं (८) के कटान बिन्दु के मध्येन जानेवाली कोई रेखाः

$\text{क}\,\text{य}+\text{ख}\,\text{र}+\text{ग}+\text{जु}\,(\text{कि}\,\text{य}+\text{खि}\,\text{र}+\text{गि})=0.$

(१०) तीन रेखाओं $\text{क}_1\,\text{य}+\text{ख}_1\,\text{र}+\text{ग}_1=0,$

$\text{क}_2\,\text{य}+\text{ख}_2\,\text{र}+\text{ग}_2=0,$

$\text{क}_3\,\text{य}+\text{ख}_3\,\text{र}+\text{ग}_3=0$

की संगामिता की अवस्थाः

$$\begin{vmatrix} \text{क}_1 & \text{ख}_1 & \text{ग}_1 \\ \text{क}_2 & \text{ख}_2 & \text{ग}_2 \\ \text{क}_3 & \text{ख}_3 & \text{ग}_3 \end{vmatrix} = 0,$$

अथवा $\text{प}(\text{क}_1\,\text{य}+\text{ख}_1\,\text{र}+\text{ग}_1)+\text{फ}(\text{क}_2\,\text{य}+\text{ख}_2\,\text{र}+\text{ग}_2)$
$+\text{ब}(\text{क}_3\,\text{य}+\text{ख}_3\,\text{र}+\text{ग}_3)=0.$

(११) मध्यस्थ कोण:

रेखाओं $\quad$ य कोज् अ + र ज्या अ = प,

$\quad$ य कोज् इ + र ज्या इ = पि

का मध्यस्थ कोण = (इ − अ) अथवा (π − इ + अ)।

रेखाओं $\quad$ र = त य + द, $\quad$ (११.३)

$\quad$ र = ति य + दि $\quad$ (११.४)

का मध्यस्थ कोण $= \pm$ स्पज्या$^{-1}$ $\dfrac{\text{त} - \text{ति}}{१ + \text{त ति}}$.

रेखाओं (८) का मध्यस्थ कोण

$$= \pm \text{स्पज्या}^{-1} \frac{\text{कि ख} - \text{ख कि}}{\text{क कि} + \text{ख खि}}\ ।$$

(१२) समानान्तरता की अवस्था:

रेखाओं (११.३), (११.४) के लिये: त = ति।

रेखाओं (८) के लिये: $\dfrac{\text{क}}{\text{कि}} = \dfrac{\text{ख}}{\text{खि}}$ ।

(१३) लाम्बिकता की अवस्था:

रेखाओं (११.३), (११.४) के लिये $\quad$ त ति = −१।

रेखाओं (८) के लिये $\quad$ क कि + ख खि = ०.

(१४) मध्यस्थ कोणों के अर्धक :

रेखाओं (८) के लिये :

$$\frac{\text{क य} + \text{ख र} + \text{ग}}{\sqrt{\text{क}^2 + \text{ख}^2}} = \pm \frac{\text{कि य} + \text{खि र} + \text{गि}}{\sqrt{\text{कि}^2 + \text{खि}^2}}\ ।$$

(१५) समघात वर्ग समीकरण : $क\, य^2 + २\, ज\, य\, र + ख\, र^2 = ०$

मध्यस्थ कोण $= स्पज्या^{-१} \dfrac{२\sqrt{ज^2 - क\, ख}}{क + ख}$ ।

मध्यस्थ कोणों के अर्धक :

$$\frac{य^2 - र^2}{क - ख} = \frac{य\, र}{ज} ।$$

रेखाओंके पृथक पृथक समीकरणः

$$क\, य + (ज \pm \sqrt{ज^2 - क\, ख})\, र = ०.$$

अवस्था	फल
$ज^2 > क\, ख$	दो वास्तविक भिन्न ऋजु रेखायें
$क + ख = ०$	दो वास्तविक ⊥ ऋजु रेखायें
$ज^2 = क\, ख$	दो वास्तविक संपाती ऋजु रेखायें
$ज^2 < क\, ख$	दो काल्पनिक ऋजु रेखायें

(१६) व्यापक वर्ग समीकरण:

$$क\, य^2 + २ज\, य\, र + ख\, र^2 + २\, छ\, य + २\, च\, र + ग = ०$$

दो ऋजु रेखाओं की अवस्था :

$$(छ\, ज - क\, च)^2 = (ज^2 - क\, ख)\,(छ^2 - क\, ग),$$

अर्थात् $क\, ख\, ग + २च\, छ\, ज - क\, च^2 - ख\, छ^2 - ग\, ज^2 = ०$,

अर्थात् $\triangle \equiv \begin{vmatrix} क & ज & छ \\ ज & ख & च \\ छ & च & ग \end{vmatrix} = ०.$

रेखाओं के पृथक पृथक समीकरण :

$$\text{कय} + (\text{ज} \pm \sqrt{\text{ज}^2 - \text{कख}})\,\text{र} + \text{छ} \pm \sqrt{\text{छ}^2 - \text{क ग}} = ० ।$$

रेखाओं का कटान बिन्दु :

$$\frac{\text{ख छ} - \text{च ज}}{\text{ज}^2 - \text{क ख}}, \quad \frac{\text{क च} - \text{छ ज}}{\text{ज}^2 - \text{क ख}} ।$$

अवस्था	फल
$\triangle = ०$, $\text{ज}^2 > \text{क ख}$ और $\text{छ}^2 > \text{क ग}$	दो वास्तविक भिन्न ऋजु रेखायें
$\triangle = ०$ और $\text{ज}^2 = \text{क ख}$	दो वास्तविक ॥ ऋजु रेखायें
$\triangle = ०$ और $\text{क} + \text{ख} = ०$	दो वास्तविक ⊥ ऋजु रेखायें
$\text{ज}^2 = \text{क ख}$, $\text{छ}^2 = \text{क ग}$ और $\text{च}^2 = \text{ख ग}$	दो संपाती ऋजु रेखायें
$\triangle = ०$ और $\text{ज}^2 < \text{क ख}$ अथवा $\text{छ}^2 < \text{क ग}$	दो काल्पनिक ऋजु रेखायें

(१७) वृत्त का समीकरण :

$$(\text{य} - \text{त})^2 + (\text{र} - \text{थ})^2 = \text{क}^2, \qquad (१७.१)$$

$$\text{अथवा } \text{य}^2 + \text{र}^2 + २\,\text{छ य} + २\,\text{च र} + \text{ग} = ० \qquad (१७.२)$$

विशिष्ट स्थितियाँ :—

मूलबिन्दु वृत्त पर : $\text{य}^2 + \text{र}^2 - २\,\text{त य} - २\,\text{थ र} = ०.$

केन्द्र याक्ष पर : $(\text{य} - \text{त})^2 + \text{र}^2 = \text{क}^2$ ।

केन्द्र राक्ष पर : $\text{य}^2 + (\text{र} - \text{थ})^2 = \text{क}^2$ ।

केन्द्र याक्ष पर, मूलबिन्दु वृत्त पर :

$$य^2 + र^2 = २ क य ।$$

केन्द्र राक्ष पर, मूलबिन्दु वृत्त पर :

$$य^2 + र^2 = २ क र ।$$

केन्द्र मूलबिन्दु पर : $य^2 + र^2 = क^2$ । (१७.३)

याक्ष स्पर्शी : $य^2 + र^2 - २ त य - २ थ र + त^2 = ०.$

राक्ष स्पर्शी : $य^2 + र^2 - २ त य - २ थ र + थ^2 = ०.$

दोनों अक्ष स्पर्शी :

$य^2 + र^2 - २ क य - क र + क^2 = ०.$

दो बिन्दु का $(य_१, र_१)$, खा $(य_२, र_२)$:

का खा को व्यास मानकर खींचा गया वृत्त :

$(य - य_१)(य - य_२) + (र - र_१)(र - र_२) = ०.$

(१८) वृत्त के समीकरण की पहिचान :

(क) $य^2$ और $र^2$ के गुणाक समान होते हैं,

(ख) य र का गुणाक शून्य होता है।

(१९) वृत्त (१७.३) का सरल रेखा र = त य + द से कटान :

कटान बिन्दु वास्तविक और भिन्न यदि $द^2 < क^2 (१ + त^2)$,

$$\text{अन्तःखण्डित जीवा} = २\sqrt{क^2 - \frac{द^2}{१ + त^2}} ।$$

कटान बिन्दु वास्तविक और अभिन्न यदि $द^2 = क^2 (१ + त^2)$,

अन्तःखण्डित जीवा = ० ।

स्पर्शीयता की अवस्था: $द = \pm क \sqrt{१ + त^२}$।

कटान बिन्दु काल्पनिक यदि $द^२ > क^२ (१ + त^२)$।

याक्ष पर अन्तःखण्ड $= २\sqrt{छ^२ - ग}$।

राक्ष पर अन्तःखण्ड $= २\sqrt{च^२ - ग}$।

(२०) बिन्दु ($य_१$, $र_१$) पर खींचे गये स्पर्शी का समीकरण :

वृत्त (१७.३) पर: $य_१ य + र_१ र = क^२$।

वृत्त (१७.२) पर:

$य_१ य + र_१ र + छ (य + य_१) + च (र + र_१) + ग = ०$।

(२१) बिन्दु ($य_१$, $र_१$) पर खींचे गये अभिलम्ब का समीकरण:

वृत्त (१७.३) पर: $\frac{य}{य_१} = \frac{र}{र_१}$।

वृत्त (१७.२) पर:

$(र_१ + च) - (य_१ + छ) र - च य_१ + छ र_१ = ०$।

(२२) जीवा संहति $र = त य + द$ के मध्य बिन्दुओं की निधि:

$$य = - तर।$$

(२३) बिन्दु ($य_१$, $र_१$) से खींचे गये स्पर्शी की लम्बाई:

वृत्त (१७.३) को: $\sqrt{य_१^२ + र_१^२ - क^२}$।

वृत्त (१७.२) को: $\sqrt{य_१^२ + र_१^२ + २छ य_१ + २च र_१ + ग}$।

(२४) बिन्दु ($य_१$, $र_१$) से खींचे गये स्पर्शियों का समीकरण:

वृत्त (१७.३) को :

$(य_१^२ + र_१^२ - क^२)\ (य^२ + र^२ - क^२) = (य_१ य + र_१ र - क^२)^२$ ।

वृत्त (१७.२) को :

$$(य_१^२ + र_१^२ + २छ\ य_१ + २च\ र_१ + ग)\ (य^२ + र^२ + २छ\ य + २\ च\ र + ग)$$

$$= \{य_१\ य + र_१\ र + छ\ (य + य_१) + च\ (र + र_१) + ग\}^२ \text{ ।}$$

(२५) बिन्दु $(य_१, र_१)$ की सम्पर्क जीवा ।

वृत्त (१७.३) के अनुसार: $य_१\ य + र_१\ र - क^२ = ०$ । (२५.१)

वृत्त (१७.२) के अनुसार:

$य_१\ य + र_१\ र + छ\ (य + य_१) + च\ (र + र_१) + ग = ०$ (२५.२)

(२६) बिन्दु $(य_१, र_१)$ की ध्रुवी

वृत्त (१७.३) के अनुसार: (२५.१)

वृत्त (१७.२) के अनुसार: (२५.२)

(२७) सरल रेखा $ट\ य + ठ र + ड = ० = ०$ का, वृत्त (१७.३) के अनुसार, ध्रुव : $\left(-\frac{ट}{ड} क^२, -\frac{ठ}{ड} क^२\right)$ ।

(२८) बिन्दुओं $(य_१\ र_१)$, $(य_२, र_२)$ की अनुबद्धता की अवस्था:

वृत्त (१७.३) के अनुसार: $य_१\ य_२ + र_१\ र_२ = क^२$ ।

वृत्त (१७.२) के अनुसार:

$य_१\ य_२ + र_१\ र_२ + छ\ (य_१ + य_२) + च\ (र_१ + र_२) + ग = ०$ ।

(२९) वृत्त $य^2 + र^2 = क^2$ पर :

किसी बिन्दु के प्राचली नियामकः (क कोज् अ, क ज्या अ)।

बिन्दुओं अ, इ की संयोजक जीवाः

$$य \text{ कोज्} \frac{अ+इ}{२} + र \text{ ज्या} \frac{अ+इ}{२} = क \text{ कोज्} \frac{अ-इ}{२} ।$$

बिन्दु अ का स्पर्शीः

य कोज् अ + र ज्या अ = क।

(३०) वृत्त $(य-त)^2+(र-थ)^2=क^2$ पर:

किसी बिन्दु के प्राचली नियामकः

(त+क कोज् अ, थ + क ज्या अ)।

बिन्दुओं अ, इ की संयोजक जीवाः

$$(य-त) \text{ कोज्} \frac{अ+इ}{२} + (र-थ) \text{ ज्या} \frac{अ+इ}{२} = \text{कोज्} \frac{अ-इ}{२} ।$$

बिन्दु अ का स्पर्शीः

(य−त) कोज् अ+(र−थ) ज्या अ=क।

बिड़ला हिन्दी प्रकाशन मण्डल, काशी हिन्दू विश्वविद्यालय
के

प्रकाशन

क्र० सं०	लेखक	नाम पुस्तक	सन्	मूल्य
१	निहालकरण सेठी	प्रारम्भिक भौतिकी (द्वितीयावृत्ति)	१९४८	८)
२	गंगाशंकर मिश्र	भारतमें ब्रिटिश साम्राज्य (द्वितीय संस्करण)	१९४९	११)
३	मुकुन्द स्वरूप वर्मा	स्वास्थ्य विज्ञान (द्वितीयावृत्ति)	१९४८	११)
४	एस.वी.पुणताम्बेकर	भारतीय लोकनीति और सभ्यता भाग १	१९३१	४॥)
५	फूलदेव सहाय वर्मा	साधारण रसायन भाग १	१९३२	५॥)
६	फूलदेव सहाय वर्मा	साधारण रसायन भाग २	१९३२	५॥)
७	गंगाप्रसाद मेहता	प्राचीन भारत (द्वितीयावृत्ति)	१९४८	७)
८	एस.वी. पुणताम्बेकर	भारतीय लोकनीति और सभ्यता भाग २	१९३४	४॥)
९	शुकदेव पाण्डेय	त्रिकोणमिति	१९३५	६)
१०	मुकुन्द स्वरूप वर्मा	मानव शरीर रचना विज्ञान	१९३६	१४)
११	ब्रजमोहन	प्रारम्भिक कलन	१९४७	३॥)
१२	ब्रजमोहन	इण्टरमीजिएट बीजगणित प्रश्नोत्तरी	१९४८	।॥)
१३	फूलदेव सहाय वर्मा	प्रारम्भिक प्रांगारिक रसायन	१९४८	३॥)
१४	जगदीश काश्यप	पाश्चात्य तर्कशास्त्र भाग १	१९४९	६)
१५	जगदीश काश्यप	पाश्चात्य तर्कशास्त्र भाग २	१९४९	५॥)
१६	ब्रजमोहन	मायावर्ग	१९४९	२)
१७	गोरखप्रसाद श्रीवास्तव	रसायनिक तत्त्व विश्लेषण	१९४९	६)
१८	कमलमोहन	ठोस रेखागणित	१९५०	२)
१९	ब्रजमोहन	नियामक ज्यामिति भाग १	१९५०	२॥)

पुस्तकें मिलने का पता— **प्रेस बुक डिपो,**
काशी हिन्दू विश्वविद्यालय।